Johann Michael Seuffert

Versuch einer Geschichte des deutschen Adels

Johann Michael Seuffert

Versuch einer Geschichte des deutschen Adels

ISBN/EAN: 9783743622678

Hergestellt in Europa, USA, Kanada, Australien, Japan

Cover: Foto ©ninafisch / pixelio.de

Weitere Bücher finden Sie auf **www.hansebooks.com**

J. M. Seuffert's
der Philosophie Doctors, der Rechte Licentiaten, der juristischen Encyclopädie,
und des teutschen Privatrechts auf der Juliusuniversität zu Wirzburg Professors,
des königlich Großbritannischen historischen Instituts zu Göttingen
Correspondenten

Versuch einer Geschichte
des

teutschen Adels

in den hohen Erz- und Domcapiteln

---

nebst einigen Bemerkungen
über
das ausschließende Recht desselben
auf Dompräbenden

Frankfurt am Main
in der Andreäischen Buchhandlung
1790

Vorrede.

Gegenwärtiger Versuch wurde durch die schöne Exegese veranlaßt, welche Herr Hofrath Spittler von dem §. 17. Art. V. I. P. O. in dem Göttingischen historischen Magazine geliefert hat. Ich nennte diese Abhandlung, Versuch einer Geschichte, weil der Innhalt derselben größtentheils historisch ist, ohne daß sie jedoch eine Geschichte im eigentlichen Verstande wäre. Zu einer solchen fehlten mir theils Materialien, theils Muth und Kräfte. Alle Materialien, welche ich hier zu ordnen suchte, sammlete ich mir während meinem Aufenthalte zu Göttingen in der dasigen Bibliothek, welche mir die verdienstvollen Vorsteher derselben zu öffnen die Güte hatten. Archive sind für mich geschlossen, und Privatnachrichten sind selten, und zuletzt dennoch unsicher. Also, was ich hier liefere, ist größtentheils aus schon gedruckten Quellen geschöpft, welche ich selbst, so gut als möglich, zu benutzen suchte.

Bey Ausarbeitung meines Stoffes steckte ich mir blos Wahrheit zum Ziele vor, und bekenne daher freymüthig, daß ich weder vom Adel, noch von den Doctoren gedungen bin. Eine Wahrheit, die jeder einsehen muß, der sich die Mühe nimmt, die wenigen Blätter mit Aufmerksamkeit zu durch‍lesen. Der Ton der Abhandlung ist in der dritten Abtheilung etwas polemisch; und mußte es nach der gegenwärtigen Lage der Sachen seyn: Aber ich hoffe, die Achtung nie ausser Acht gelassen zu haben, welche ich einem so allgemein, und mit so vielem Rechte geschätzten Schriftsteller schuldig bin.

Manchem könnten die Kapitel zu lange und zu ermüdend scheinen; Allein ich suchte mit Fleiße mehrere Absätze zu machen. Wer Ruhepuncte sucht, kann sie nach Belieben wählen.

Hiemit empfehle ich mich und meine Abhand‍lung dem lesenden Publicum.

Wirzburg den 23sten Sept.
1789.

der Verfasser.

Innhalt.

A. Abtheilung. Von den ältesten Zeiten bis auf die Entstehung des Doctorats.

I. Kapitel. Einige Blicke auf die Fundationen hoher Erz- und Domcapitel.
1) Weder die ursprünglichen, noch
2) die hinzugekommenen Stiftungen sind für den Adel allein gemacht.

II. Kapitel. Der Adel bekömmt nach und nach das Uebergewicht in den Domcapiteln.
1) Verhältniß des Adels zum Unadel in den ältesten Zeiten;
   a) Vorzug des Adels;
   b) Uebergewicht des Unadels in Rücksicht der Anzahl;

   Wovon die Gründe liegen

   α) in der Natur der Sache;
   β) in der Begünstigung einiger Kaiser.
2) Veränderung dieses Verhältnisses;

   Wovon
   a) die Gründe liegen

   α) in der auf den Gütern haftenden Pflicht zu Kriegsdiensten;
   β) in der Verfassung der chrodegangischen Regel, was dem Adel

Innhalt.

    α) die Präbenden angenehmer, und

    β) in Verbindung mit der Macht, welche der Adel in Händen hatte, die Erwerbung derselben leichter machte.

  γ) In dem von den Capiteln ausschließend erworbenen Rechte, die Bischöffe zu wählen.

b) Die Beweise

    α) in den Registern,

    β) in den Statuten,

    γ) in den von den Capiteln vergebenen Präbenden;

Wogegen

  c) die Verordnung des C. 37. X. de præbend. nicht angeführt werden kann.

B. Abtheilung. Von Entstehung des Doctorats bis auf den Westphälischen Frieden.

  I. Kapitel. Das Doctorat in den Erz- und hohen Domstiftern.

    1) Entstehung des Doctorats;

    2) gute Aufnahme desselben;

    3) Meynung von dem Doctorsadel;

    4) Aufnahme des Doctorats in die Capitel unter der Firma des Adels

      a) zuerst durch bloße Observanz;

      b) hiernächst durch ausdrückliche Statute.

    5) Einige Betrachtungen über diese Revolution.

  II. Kapitel. Das Doctorat verliert sein Ansehn und seine Rechte in den meisten Stiftern.

1) Zum Vortheile des Doctorats erschienen
  a) Verfügung des Kirchenraths zu Costanz;
  b) — — der Concordaten der teutschen Nation mit Martin V.
  c) Legation des Cardinals Brand,e. Allein
2) alles dies vermochte wenig gegen die sich gegen das Doctorat ergebende Gründe.
  a) Klagen der Teutschen gegen Rom;
  b) bestimmtere Ahnenprobe, und als Folge hievon
  c) verminderte Achtung des Doctoradels

Unterstützt
  α) durch die feilgewordene Doctorswürde;
  β) durch die Begierde der Doctoren nach Adels= diplomen;
  γ) durch den Umstand, daß auch aus dem Adel Doctoren hervorgiengen;
  δ) durch die von den Doctoren bewirkte Ver= mischung fremder und einheimischer Rechte.

Hieraus ergaben sich
3) Statuten gegen den Unadel, begünstigt in man= chen Fällen
  a) durch die Politik des römischen Hofs, und selbst
  b) durch den Tridentinischen Kirchenrath;
  c) durch die gäng und gebe gewordene Meynung von der ursprünglichen Stiftung der Capi= tel für den Adel;
  d) durch die Uebereinstimmung des gesammten Adels.

C. Abtheilung. Von dem Westphälischen Frieden bis auf die neuesten Zeiten.

I. Kapitel. Ueber §. 17. Art. V. des Osnabrückischen Friedensschlusses.

Exegese desselben
1) aus der damaligen Geschichte der hohen Erz- und Domstifter;
2) aus dem Wortverstande des Friedens;
3) aus den Friedensverhandlungen;
4) aus einer Parallelstelle des Friedens.

II. Kapitel. Neuere Zeiten:
1) Bestättigung der Exegese.
   a) Wahlcapitulation;
   b) durch mehrere Fälle.
2) Neuere Capitelsstatute.
   a) Erfordernisse zum Rechtsbestande derselben;
   b) Praxis.

Erste Abtheilung.
Von den ältesten Zeiten bis auf die Entstehung des Doctorats.

Erstes Kapitel.
Einige Blicke auf die Fundationen hoher Erz- und Domcapitel.

So sind einmal wir Menschen: Wer sucht und findet nicht gerne die Rechte und Vorzüge seines Standes in dem entferntesten Alterthume? Mit Nachsicht beurtheilt der Weltweise diese Eitelkeit, denn sie hat ihren Grund in einer leicht verzeihbaren, allen Menschenkindern gemeinen Schwachheit. Aber unbekannt muß diese Delicatesse dem Geschichtsforscher und Rechtsgelehrten seyn, zumal, wenn Rechte und Verbindlichkeiten von der Frage abhangen, ob dies oder jenes Institut sein Daseyn schon vor Jahrhunderten gehabt habe, oder nicht.

Man sah, daß Teutschlands Erzhohe und hohe Domstifter fast durchgehends vom Adel besetzt seyen. Mit Recht warf man also die Frage auf: wie kam derselbe zum Besitze eines so ansehnlichen Rechtes?

Unkunde der Geschichte und der Critik veranlaßte wohl manchen Schriftsteller, zu behaupten, als wären die ansehnlichen Stiftsgüter bey ihrer ersten Stiftung für den Uradel allein bestimmt worden. Diese Behauptung mußte dem Adel um so willkommner seyn, je mehr sie der Eitelkeit und dem ausschließlichen Besitze desselben schmeichelte. Allein geschehen wär' es um das große Vorrecht, wenn es allein auf ursprünglicher Stiftung gegründet seyn sollte.

Die Güter, in deren Besitze sich unsre Domcapitel befinden, wurden nicht auf einmal erworben. Nur eine mäßige Habe war es manchmal, die unsre Kaiser und Könige bey Errichtung der Stifter dem Bischoffe und seinen Brüdern angewiesen. Einzelne Erwerbungen, besonders in der Zeit, da die Capitel getrennt von ihrem Bischof, in abgesonderte, und für sich bestehende Gesellschaften, wenigstens in Hinsicht ihrer Güter umgeschaffen wurden, brachten erst das ansehnliche Ganze zusammen, woraus so Viele vom teutschen Adel die schönsten Einkünfte genießen. Wollte man also die ursprüngliche Bestimmung erforschen, welche die Güter unsrer Domcapitel bey ihrer ersten Stiftung erhielten, so würde es bey weitem noch nicht genug seyn, die Urkunden einzusehen, welche sie bey ihrer Gründung von Kaisern und Königen erhielten, sondern alle einzelne Erwerbungen müßten untersucht, ja selbst die Stiftungsbriefe einzelner Präbenden geprüft werden. Wer aber hieben auf den Einfall gerathen würde, alle Urkunden von dieser Art aufzusuchen, um seiner Abstraction desto mehr Gewißheit, und seinem Urtheile desto mehr Zuverläßigkeit geben zu können, würde eine eben so unmögliche, als vergebliche Arbeit beginnen. Nie wird den archivalischen Eigensinn, welcher die Urkunden lieber dem Moder zur Beute überläßt, als dem Geschichtsforscher zur Benutzung, ein Sterblicher besiegen; und wäre er auch so glücklich, wer würde sie alle lesen, sie alle vergleichen wollen? Zum Glücke aber war der Genius, welcher alle Stifter beseelte, überall derselbe; die Gesinnungen und Sprache überall so übereinstimmend, daß man hier mit dem zufrieden seyn kann, was man hat, und wegen der Uebereinstimmung in so vielen einzelnen Urkunden, auch auf die übrigen mit Wahrscheinlichkeit zu schließen berechtiget wird.

Man mag nun aber die ersten Stiftungsbriefe, oder die Urkunden über einzelne Erwerbungen untersuchen, so wird man dennoch niemals, oder doch selten Spuren entdecken, daß der Genuß dieser ansehnlichen Güter allein für den Adel bestimmt worden wäre. Ursprünglicher Stiftungsbriefe, deren Aechtheit unbezweifelt wäre, haben wir Wenige. —

Allein diese Wenige erwähnen des Adels nicht. Die Stifter, allein beseelt von dem Eifer, der Kirche Gottes zu dienen, und ihre Rechte und Vorzüge zu erheben, kennen keinen andern Zweck zur Bereicherung der Geistlichkeit, als die Ehre der Kirche, die Vergebung ihrer Sünden, und den Trost ihrer Seele; den sie aus dem Gebete Andrer zu schöpfen vermeynten. Da sie daher die ganze Handlung allein aus dem Gesichtspuncte der Religion betrachteten, so fiel es keinem derselben bey, wenigstens vor den Augen des Publicums, diese heiligen Zwecke mit einer politischen und folglich unheiligen Absicht zu entehren. Zwar bestimmten sie die Güter, womit sie die Kirchen bereicherten, bis auf das kleinste Detail, aber die Frage: Wer diese Güter ausschließlich genießen sollte, ließen sie unbestimmt. Die geistlichen Herren werden fast durchgehends fratres Deo famulantes genannt, und nichts weiter. Ihr Stand kömmt nirgendwo in Betrachtung. Diese Unbestimmtheit in den Stiftungsbriefen hatte natürlich die Wirkung, daß unter die Geistlichkeit des Bischofs sowohl Adel, als Unadel aufgenommen wurde.

Die Güter der Stifter vergrößerten sich indessen täglich: der Geistliche suchte in Vermehrung derselben den Glanz und die Ehre der Kirche, und der Laye glaubte sich hiedurch Vergebung seiner Sünden erkaufen zu können. So voll indessen die Archive der Stifter von einzelnen Urkunden über beträchtliche Güter und Rechte wurden, so kann man dennoch in Hinsicht auf das Ganze zur Regel annehmen, daß auch in diesen einzelnen Urkunden von einem ausschließlichen Besitze des Adels keine Meldung geschah. Wenn ich von allen übrigen Erwerbungsarten abstrahire, welche zum Vortheile der Stifter in Bewegung gesetzt wurden, und allein auf diese unerschöpfliche Quelle des Reichthums, die Freygebigkeit sehe, so entgeht mir beynahe kein Stand in der bürgerlichen Gesellschaft, der nicht sein Schärflein zur Bereicherung der Stifter beygetragen hätte. Die Kaiser und Könige als Errichter der Bisthümer pflegten derselben mit väterlicher Vorsorge, und ergriffen jede Gelegenheit, das ursprüngliche Mitgift ihrer Töchter mit neuen Gütern zu vermehren. So erhielten der Bischof und seine Brüder stattliche Einkünfte, und verzehrten sie in brüderlicher Eintracht: aber, daß der Adel allein das Recht haben sollte, selbe zu genießen, daran dachten die Kaiser und Könige auch in einzelnen Schenkungen so wenig, als wenig sie dem Adel allein das Recht einräumen wollten, für sie beten, oder Gott dienen zu können. Ueberall herrscht

tiefes Stillschweigen in den Urkunden und der Geschichte von dem ausschließlichen Genusse des Adels.—
Ein gleiches Stillschweigen trifft man in den Schenkungsbriefen andrer Fürsten und Herrn an. Was thaten die Herzoge von Pommern und Sachsen für die nordischen Stifter? Was gab Herzog Casimir von Pommern 1275 dem Capitel zu Camin für wichtige Rechte und Privilegien (a)? Mit welcher Freygebigkeit bereicherte Heinrich der Löwe die Capitel von Lübeck, Ratzeburg und Schwerin (b)? Aber weit entfernt, dem Adel ein ausschließendes Recht zu dem Genusse dieser Güter zu geben, sprechen sie in ihren Stiftungsbriefen allein von der Ehre Gottes und seiner Heiligen, und lassen die Eigenschaften, welche zur Fähigkeit eines Canonicus nothwendig seyn möchten, unbestimmt. Gab doch Graf Adolph von Schauenburg dem Domcapitel zu Lübeck mit einer Art von Verschwendung die schönsten Einkünfte hin; — stiftete er doch selbst neue Präbenden! Aber daß es ihm im geringsten eingefallen wäre, durch diese Stiftung seiner Familie, oder dem Adel überhaupt eine Art von Fideicommiß zu errichten! Nichts behält er sich vor,

---

(a) Lünig. Spicilegium ecclesiasticum in append. p. 7.
(b) Ibid. l. c. p. 291, in app. p. 150—152.

als daß der Mann, dem er die Johanniskirche zu Lübeck verleihen würde, zugleich eine Pfründe im Domstifte genießen, und etwa bey seinen frommen Uebungen das Amt eines Caplans verrichten sollte (c). Schenkten doch die Grafen Godfrid und Otto von Caphenberch ihre ganze Habe in Eleve stat dem heiligen Martin zu Maynz — aber auch nur allein dem heiligen Martin, nicht dem Adel, nicht ihrer Nachkommenschaft, und die Demherrn von Maynz belohnten ihre Freygebigkeit mit der Ehre, einen Candidaten zu einer Präbende ernennen zu können (d). Ob der Candidat ein Herr oder Ritter war, liegt außer der Sphäre meiner Kenntnisse; nach aller Wahrscheinlichkeit war es ein solcher: denn die Herrn sahen doch wohl lieber ihres Gleichen die Einkünfte fetter Pfründen verzehren, als andere in keinem Verhältnisse mit ihnen stehende Personen. Aber von einer Stiftung für den Adel erwähnen wenigstens die Grafen von Caphenberch in ihrem Briefe nichts. Das Ehrenrecht der Ernennung, womit man die milden Hände des Adels zu eröffnen wußte, war ohnedem nur der Regel nach persöhnlich, und gieng nicht auf Erben

---

(c) Ebenders. l. c. p. 95.
(d) Gudenus Codex diplomat. T. I. p. 53.

über. Es ist eine Lust zu lesen, mit welcher Beredsamkeit die geistlichen Herren von Lübeck die Freygebigkeit eines gewissen Sifrids von Bocholz und seiner Gemahlin preisen, mit welcher Bereitwilligkeit sie den Candidaten zu ihrer neugestifteten Präbende in ihr Mittel aufzunehmen versprechen: aber schlau genug waren diese Herrn, unvermerkt diese Clausel in die Urkunde zu bringen, daß nach ihrem Tode das Ernennungsrecht auf das Capitel zurückefallen sollte (e). Was war hieben für die Stifter gewonnen; hätten sie auch bey dem vorbehaltenen Ernennungsrecht der Candidaten die Absicht gehabt, ihre Nachkommen zu versorgen? Ich gebe ferner zu, daß die Liebe mancher Väter und Brüder, die sie zu ihren Söhnen und Anverwandten hatten, einen neuen Grund zur Freygebigkeit hergab. Otto von Bruchkirch schenkte dem Capitel zu Strasburg einige Güter in Vendenheim, und zwar, wie die Urkunde lautet, zum gemeinschaftlichen Genusse der Brüder, zum Troste seiner Seele und der Seinigen, und aus Liebe für seinen Sohn Hartwig, der Domherr in diesem Stifte sey (f). Noch tausend andere Künste erfanden die Capitel;

(e) Lünig Spicil. eccl. p. 317.
(f) Würdtwein nova subs. diplom. T. VII. p. 30.

die Freygebigkeit des Adels zu locken; aber von dem großen gewiß unfehlbaren Kunstgriffe, sich zu bereichern, wenn man die Begierde der Stamm= väter, den Glanz ihrer Familien zu erhöhen, mit dem Versprechen gereizt hätte, die Präbenden nur für den Adel, oder vielleicht gar für ihre Nachkom= men zu bestimmen, wußte man nichts oder rückte wenigstens nichts in die hierüber ausgefertigten Ur= kunden ein. Bischof Johann III. von Lübeck schmeichelte den Stiftern, der vielen Gemeinplätze von Vergebung der Sünden und Trost der Seelen nicht zu gedenken, mit Unsterblichkeit und ewigem Nachruhme; ja er machte eine Verordnung, ver= möge welcher die Stifter neuer Präbenden, falls sie canonisch zu Domherrn aufgenommen würden, sogleich zu Sitz und Stimme in dem Capitel, und zum vollen Genusse aller Einkünfte vor allen Ex= pectanten gelangen sollten (g). Der edle Herr Ulrich von Minzenberg schenkte dem Domcapitel zu Maynz die Einkünfte der Johanniskirche zu Nauen= heim bey Friedberg, um sich durch die Domherren einen Erben bey Gott erbitten zu lassen, und hatte die Ehre samt seiner Gemahlin durch eine feyerliche Urkunde in die Brüderschaft der Domherren aufge=

(g) Das Statut ist vom Jahr 1265.

nommen zu werden (h). Freylich Ehre genug für die damalige Zeiten, aber noch bey weitem keine Stiftung für den Adel.

Hiezu kömmt, daß, wenn man auf die Anzahl der von dem Adel gemachten Stiftungen Rücksicht nimmt; als mit welcher Hypothese sich mehrere Schriftsteller sehr zu gefallen scheinen, dieselbe bey weitem nicht so gros sey, als man etwa denken möchte. Ja es muß sich jedem, wer die Geschichte der geistlichen Stiftungen mit Aufmerksamkeit studirt, die sonderbare Bemerkung aufdringen, daß die Freygebigkeit des Adels gegen die Erzhohe und hohe Domcapitel, selbst zu einer Zeit, da sie fast ganz aus seinem Mittel besetzt waren, verhältnißmäßig klein, indessen sie ausschweifend groß gegen andre geistliche Stiftungen war. Man stiftete Nonnen= und Mönchsklöster, und bereicherte Collegiatstifter mit neuen Gütern und Gerechtigkeiten — die Domcapitel hingegen fielen entweder leer aus, oder mußten mit Wenigem vorliebnehmen. Vielleicht

---

(h) Die Domherren antworteten in folgenden Ausdrücken: „Vos & nobilem dominam Helwibim conjugem ve„stram in vere fraternitatis, & fraterne caritatis con„sortium liberaliter, & lete fuscipimus, procuraturi „fideliter & constanter omnia perpetuis temporibus, „que vobis, & vestre posteritati cedere viderimus ad „commodum & honorem." Gudenus T. II. p. 113.

mochte der Gedanke der Eigenliebe mehr schmeicheln, Schöpfer neuer Gott dienender Gesellschaften eben so gut zu seyn, wie vordem Kaiser und Könige waren; zumal da man sich von dem Gesang und Gebete der Nonnen und Mönche mehr versprechen zu können glaubte, als von den Horen der reichen und stolzen Domherren. Vielleicht kannten auch die Mönche die künstlichen Erwerbungsarten besser, als die Capitel. Vielleicht hielt man es für überflüßig, die großen Reichthümer mit neuen zu vermehren, und dennoch zuletzt an der Seite der Kaiser und Könige mit den wenigen Mansis, welche man zu verschenken hatte, eine unbeträchtliche Rolle zu spielen.

Unstreitig verdankten die meisten Capitel ihre edelsten Rechte, und schönsten Güter ihren eigenen Bischöffen. Die Bischöffe giengen mit ihren Tafelgütern oft eben so um, wie die Kaiser und Könige mit ihren Domänen, und die Capitel brachten, eben so wie die Reichsstände, einen großen Theil derselben theils schenkungsweise, theils durch vortheilhaften Kauf in den Zeiten der Noth an sich. Ich brauche nicht zu erinnern, daß ich zu meinem Beweise nicht nöthig haben werde, die Stiftungsgeschichte aller Erzhohen und hohen Domcapitel durchzuforschen. Nur flüchtige Blicke in die Urkunden sammlungen werden überzeugend genug seyn. Zu Anfang des zwölften Jahrhunderts kam Adelbert Graf von Saarbrücken auf den Stuhl zu Maynz. Fast jedes Jahr seiner Regierung bezeichnete er mit neuer Freygebigkeit gegen das Capitel. Manche Domherren hatten damals noch sehr magere Präbenden (i)? Der Erzbischof vermehrte sie theils mit neuerkauften, theils mit seinen Tafelngütern reichlich (k). Mit gleicher Freygebigkeit sorgten die Erzbischöffe Christian und Conrad für ihr Capitel (l). Wie heilig muß ihm allein der Name eines Sifrids seyn, der seine eigene Allode, Zehnten, und andre Einkünfte seinen Brüdern, den Domherrn in Maynz schenkte (m). Ich übergehe einen Erzbischof Gerlac, und andere ehrwürdige große Namen. Wem hatte schon im zehnten Jahrhunderte das Capitel zu Strasburg die noch zum Theile demselben zugehörigen Dörfer Bohlsbach, Stadelhofen, Schwinghausen, Armheim, Diersheim, Gambsthurst und Schaftelsheim zu danken,

---

(i) Curia in Birgeſtadt — — Canonicis præbendam parviſſimam habentibus ab Adelberto archiepiscopo traditur. Gudenus Codex dipl. T. I. p. 76.

(k) Gudenus l. c. p. 78. 92. 99.

(l) Ebend. l. c. p. 612. ſeq.

(m) Ebend. l. c. p. 509. 566. 604. u. d. s.

als seinem Bischoffe, Utho (n)? Wie reichlich wurde dasselbe von seinem Bischof Otto im eilften Jahrhunderte begütert (o)? So lebhaft indessen der Geist der Freygebigkeit in den benannten sowohl, als andern Stiftern war, so trift man dennoch selten eine Spur an, daß die Bischöffe einige Rücksicht auf den Adel genommen hätten. Immer noch geben die Schenker zu ihrem Hauptzwecke das Gebet der Geistlichen an; wollen, daß ihnen ein langes Leben erbeten werde, und bestellen sich Seelenmessen nach dem Tode. Eine eben so reiche Quelle der Begüterung waren für die Capitel manche Schulden und Kriegsperiode der Stifter, in welcher sie die Gelegenheit ersahen, für den wohlfeilsten Preis die wichtigsten Stücke der Hochstifter an sich zu bringen. Soviel auch nach geistlichen Rechten gegen diese Verdusserungen zu sagen gewesen wäre, so erhielten dennoch die so früh aufgekommenen Capitulationen die Capitel im ruhigen Besitze. So verkaufte Erzbischof Mathias von Maynz 1324 das Rustenbergische Vicedominat (p). So traf Bischof Mangold von Wirzburg sein Hochstift mit Schulden

---

(n) Würdtwein nova subsid. diplom. T. III. p. 382.
(o) Ebend. T. VI. p. 252.
(p) Gud. T. II. p. 332.

belastet an; und nachdem er das seinige beygetragen hatte, es noch tiefer in diesen Labyrinth zu führen, verkaufte er 1295 unter dem Vorwande, die Schulden zu tilgen, die schöne Stadt Ochsenfurt um eine Kleinigkeit an das Capitel. Was half es, daß Mangolds Nachfolger den Vertrag bestritten, daß sich die Päbste in die Sache mischten, daß ihre Commissarien dergleichen Veräusserungen vernichteten (q)? Wer vermag ihm nun seine Rechte, seinen Besitz zu bestreiten? Zu weit würde ich mich von meinem Ziele entfernen, wenn ich diese Geschichte weiter verfolgen wollte. Man erlaube mir also, auf die Capitulationen einzelner Stifter zu verweisen. Mich dünkt, der Satz sey hievon schon hinlänglich erläutert, daß man den Beweis für das ausschliesende Recht des teutschen Adels zu hohen Erz- und Domstiftern weder aus der Bestimmung der ursprünglichen, noch der hinzugekommenen Stiftungen führen könne.

(q) Jus & factum juramenti episcopi herbip. Bepl. 37. 39. 44. 48.

Zweytes Kapitel.

Der Adel bekömmt nach und nach das Uebergewicht in den Domcapiteln.

So wenig indessen die ursprüngliche Bestimmung der Stiftsgüter dem Adel ein ausschliessendes Recht zu deren Besitze gab, so war derselbe doch nirgendwo ausgeschlossen. Es kann daher Niemanden befremden, wenn man schon in den ältesten Zeiten adeliche Mitglieder unter der dem Bischoffe zugeordneten Geistlichkeit antrifft. Der alles umfassenden Gesetzgebung Carls des Großen entgieng auch der persönliche Stand der Geistlichen nicht. Bey dem Enthusiasmus, die Würde und Ehre der Religion überall zu erheben, und die Kirchen mit tüchtigen Männern zu besetzen, konnte es ihm keine gleichgültige Sache seyn, ob dem Adel der freye Zutritt zur bischöflichen Kirche vergönnt sey oder nicht. Wirft man einen Blick auf die Sitten der Nation, die er zu beherrschen hatte, so hatte doch der Adel, im Verhältnisse der übrigen Stände, bey weitem mehr Cultur, und war folglich um so brauchbarer zur Verwaltung geistlicher Würden. Es war also der Mühe werth, dem Adel sowohl als andern freyen Leuten, die Fähigkeit zu Diensten in der bischöflichen Kirche durch ein besonderes Gesetz zu versichern (a). Ja der Vorzug, der dem Adel in der bürgerlichen Gesellschaft gebührte, gieng selbst in die Wohnungen über, wohin Chrodegangs Ruf den Clerus der bischöflichen Kirche geführt hatte. Den Ritter, oder Herrn, der die Gesetze beleidigte, ließ man fasten, oder sperrete ihn ein, indeß der Unedle des nemlichen Vergehens wegen mit Schlägen gezüchtiget wurde (b). Man nahm diesen Vorzug für so bekannt an, daß man da, wo gleiche Rechte für den Adel und Unadel festgesetzt werden sollten, eine ausdrückliche Erwähnung für nöthig hielt (c).

Eine cöllnische Synode vom Jahre 883 setzte fest, daß jeder Canonicus seine Wohnung nach Willkühr einem seiner Brüder schenken, oder vermachen könnte: aber mit vielem Vorbedacht erinnerten die versammelten Väter, daß man keinen Unterschied unter Adel und Unadel beobachtet wissen wollte (d). So entscheidend indessen die Vorzüge des adelichen Clerus waren, so wahrscheinlich ist es hingegen, daß der Unadel in Hinsicht der

---

(a) Cap. I. a. 789. c. 73. apud Heineccium p. 568.
(b) Schmidts Gesch. der Deutsch. Th. I. c. 14.
(c) Regula c. 30. n. 12.
(d) Synod. de a. 883. apud Hartzheim T. II. p. 36.

Anzahl das Uebergewicht hatte. Der Grund hievon lag theils in der Natur der Sache, theils in der Begünstigung einiger Kaiser. Wie konnte der muthige Ritter und Herr sich entschließen, die Waffen, die sein Vater trug, das Spiel seiner ersten Jahre, und die Zierde seines jugendlichen Körpers mit dem Gewande eines Chorherrn zu vertauschen? Wie konnte ihm — der eine Stadt, welche man ihm zur Wohnung bestimmt hatte, als unerträglichen Kerker geflohen haben würde — die einsame Mönchsclause behagen? Wie konnte er so leicht die erniedrigende Züchtigung eines Obern ertragen, der ihm manchmal am Stande ungleich war? Mit Einem Worte, die Lebensart und Erziehung des Adels stand mit Chrodegangs Vorschriften in einem so auffallenden Widerspruche, daß ich mir immer ausserordentliche Umstände zusammen denken muß, um mir zu erklären, wie dennoch so viele vom Adel diese Wohnungen der strengsten Ordnung erwählen konnten.

Hiezu kam, daß manche Kaiser Sclaven aus dem Staube hervor an ihre Höfe zogen, und sie zu Bisthümern, und den ersten Würden des Staats erhoben. Wie mächtig war die Sclavenkabale unter Ludwig dem Frommen, die uns sein Biographe, der Bischof Thegan, schildert. Suchten sie doch den Adel zu unterdrücken, ihre niedrige Anverwandtschaft hingegen allein zu heben! Zorn, Zanksucht, Starrsinn und Rohheit nahm Besitz vom Throne sowohl, als den geistlichen Würden; Leute, nur zur Sclavenarbeit gebohren, lernten die freyen Künste; der Adel mußte ihren Sohnen und Enkeln Gemahlinnen, und ihren Töchtern Männer geben. Die Kinder gezeugt aus diesen schändlichen Verbindungen verachteten den alten ehrwürdigen Adel mit bäurischem Stolze, und erschlichen die erhabensten Aemter, indeß der Adel seinem Sturze sich näherte (e). Wie war es bey dieser Lage der Sachen zu verwundern, daß der am Ruder sitzende Unadel seinen Anverwandten freyen Zutritt in Chrodegangs Wohnungen eröffnete, mit der gewissen Hoffnung, sie einst zu Bisthümern und andern geistlichen Würden zu befördern.

Allein schon zu Ludwigs Zeiten drangen die lauten Klagen des Adels bis an den Thron; und blieben nicht unerhört. Auch er foderte noch von Bischöffen so viel Adel der Geburt und Seele, um mit Würde den Dienst Gottes und des Königs zu entrichten, und schränkte die Wahlfreyheit auf diese Eigenschaften ein (f). Die Güter, welche dem

---

(e) Thegan de gestis Ludovici P.ii c. XX.
(f) Lünig spicileg. ecclef. T. II. p. 215.

Bischof und seinen Dienstgeistlichen angewiesen, wurden, waren, wie alle Grundstücke, mit der Verbindlichkeit, Kriegsdienste zu thun, beleget. Die Bischöffe und Priester erscheinen daher schon unter den Merovingischen Königen nicht allein an der Spitze der friedlichen Nationalversammlungen, und in dem Rathe des Königs: auch mitten im Getümmel der Waffen spielen sie eine eben so ansehnliche Rolle. Was konnten Carls des Großen Gesetze (g), oder Bonifazens guter Wille, die persönlichen Dienste in gewisse Abgaben (dona) zu verändern, gegen eine herrschende Nationalidee frommen? Was konnte selbst die Stimme des Volks, und die lauten Klagen der Priester und Bischöffe vermögen? Zwar suchte man Ihnen ihre Fürstenehre und ihr Fürstengut mit feyerlichen Urkunden zu sichern, und erlaubte Ihnen, ihre Vasallen zum Heere zu schicken (h). Allein wie könnten sie sich, mit Urkunden gegen gewaffnete Lehnsherrn, Ritter und Edelleute wehren, die Lust bekommen konnten, sich der Güter zu bemächtigen, von denen kein Kriegsdienst geleistet würde? So mußte eine herrschende Meynung über Gesetze, Wohlstand, und alle Hinder-

---

(g) Capit. de a. 803. apud Georg. p. 678.
(h) Möser Osnabrückische Geschichte Th. I. S. 235.

nisse siegen, und der Geistliche in den Waffen, eine so alltägliche Erscheinung werden, daß die Kaiser kein Bedenken trugen, bey der dem Volke und der Geistlichkeit gestatteten Wahlfreyheit sich zu bedingen, daß immer nur ein solcher gewählt werde, der die königlichen Dienste (regalia obsequia) zu versehen im Stande wäre.

Wem es nun nicht unbekannt ist, daß nur der edle freye Mann zu persönlichen Kriegsdiensten fähig gewesen sey, der wird es gar leicht begreifen, wie sehr dieser Umstand zum Vortheile des Adels in den Stiftern gewirkt habe.

Aber wie hätte auch der Adel sein Interesse so sehr verkennen sollen, daß er nicht um den alleinigen Besitz sich beworben hätte? Die strenge Mönchsdisciplin fieng nun an, milder zu werden. Die Tafel wurde prächtiger und liberaler; die Kleidung freyer und üppiger — der Ton gesellschaftlicher. Wer einige Wohlthaten der Freyheit genossen hat, wünscht sie alle; und siehe da: die einsamen Clausen der Chrodegangischen Brüder eröffneten sich plötzlich, — die Loosung war Freyheit, und haufenweise strömten sie hervor in die Welt (i). So wa-

---

(i) Annalista Saxo apud Eckart. Corpus hist. Tom. I. p. 478.

ren mit Einem Schlage alle die Hindernisse gehoben, welche vormals die Herren und Ritter von der Bewerbung um Pfründen abgehalten hatten. Der auf eine so vortheilhafte Art in einen Domherrn umgeschaffene Chrodegangische Chorherr bezog einen eignen Hof; wählte sich mit voller Freyheit seine Diener; hielt eigne Tafel; zog eigne Einkünfte, und hatte das Vergnügen, wenn er seine Horen abgebetet hatte, für sich zu seyn. Waren dies nicht Reize genug für den Adel, ihre Söhne und Anverwandte auf eine so glänzende Art zu versorgen (k)? Die Bedürfnisse des Adels vermehrten sich natürlich, wie die Bedürfnisse aller Stände. So wenig man damals an Primogenitur, oder sonst an eine andre Art, einem Einzigen die Güter zum größern Glanze der Familie in die Hände zu spielen, gedacht haben mochte, so lag doch der Vortheil, einige Glieder seiner Familie auf eine andre Art, als aus den Gütern derselben zu versorgen, zu offenbar da, als daß man ihn nicht hätte ergreifen sollen. Und wo both sich eine bequemere Gelegenheit dar, als bey den Domstiftern; zumal da sich hier politische und religiöse Absichten einander so schwesterlich die Hände bothen? Nach der herrschenden Gesinnungen

─────────────────

(k) Muratori antiquit. Ital. med. Ævi Part. I. col. 841.

dieser Zeit konnte es einer Familie nicht gleichgültig seyn, einen aus ihrem Mittel dem Dienste Gottes zu opfern, und von dessen Gebete den Seegen des Himmels hienieden, und jenseits des Grabes ewige Freuden als unmittelbare Folge zu erwarten. Konnte man diesen Zweck erreichen, ohne seinen Sohn, oder Anverwandten gegen seine Neigung, und Erziehung in eine einsame Mönchsclause zu stecken; ja, konnte man hiemit noch die an sich zwar unheilige, aber dennoch der menschlichen Natur gewiß angemessene Absicht erreichen, den Glanz seiner Familie zu befördern, so müste man entweder eine gänzliche Indolenz des Adels gegen all' seine Vortheile annehmen, oder man muß zugeben, daß sich derselbe mit Aufbietung aller politischen Künste um Domherrnstellen beworben habe. — Man könnte vielleicht sagen, daß auch der Unadel die nemlichen Reize an diesen Pfründen gefunden habe. Allein, was war, oder was konnte in diesen Zeiten der Unadel? Will ein Stand, der an und für sich keine Macht in Händen hat, um sich zu heben, einem mächtigen Stande in der bürgerlichen Gesellschaft das Gleichgewicht halten, oder ihm etwa gar den Rang abgewinnen: so setzet die gesunde Vernunft sowohl, als die Geschichte bey demselben eine überwiegende Summe von geistigen Vorzügen zum voraus. Die

Hinderniſſe, welche der Mangel an Macht der
Erhöhung einer ſolchen Menſchenclaſſe entgegen-
ſetzet, zumal wenn ihr Intereſſe mit dem Intereſſe
einer mächtigern Claſſe in Colliſion kömmt, müſſen
durch ihre vorzügliche Geſchicklichkeit, durch ausgezeichnete Politik, durch Geſchäftsklugheit gehoben
werden. Nebſt dieſem aber muß der mächtigere
Stand, von welchem die Rede iſt, zu ſeinem Vortheile keine andre Hülfsmittel haben, als Macht,
weil, wenn ſich zu derſelben auch geiſtiſche Vorzüge geſellen, zuletzt immer der Fall möglich iſt, daß
ſich die Vorzüge der beyden Stände compenſiren, oder
gar die Vorzüge der letzten Claſſe ein Uebergewicht
gewinnen. — Allein nun lehrt uns die Geſchichte,
daß die Eigenſchaften, welche zur Erhaltung des
Gleich- oder Ueberhewichts im Gegenſatze des mächtigen Adels erfoderlich geweſen waren, dem Unadel
faſt gänzlich mangelten. — Wir finden, daß der
Nichtadeliche entweder frey, oder leibeigen war.
Zwar war die Kabale der Sclaven unter Ludwig dem Frömmen ſehr mächtig, und konnte
den Meiſter um ſo eher ſpielen, da ſie vom Hofe
aus unterſtützt wurde. Allein die Gründe, warum
damals der Adel die Leibeigne nicht eben ſo ſehr
um geiſtliche Stellen beneidete, habe ich ſchon
angeführt; zu geſchweigen, daß die von dem Adel

schon damals geführten Klagen dem Uebergewichte der Sclaven keine lange Existenz versprachen. Die Zeiten veränderten sich, wie ich schon erwähnte. Und war gleich einer oder der andre unter den Leibeignen, welcher schon von Natur ausgerüstet mit vorzüglichen Gaben, das Glück hatte, seinem Herrn zu gefallen, und daher etwa am Hofe, oder im Schlosse erzogen zu werden, so war doch im Ganzen der Zustand, und die Erziehung der Leibeignen, nicht von der Beschaffenheit, daß er dem Adel, wenn er auch keine Rücksicht auf seine Macht nehmen wollte, durch die Vorzüge des Geistes einigermaßen das Gleichgewicht hätte halten können. Was den freyen Unadel betrifft, so war die Anzahl desjenigen, der auf dem platten Lande wohnte, zu gering, als daß er eine ausgezeichnete Rolle hätte spielen sollen. — Ihm war es genug, die Güter anzubauen, die er von seinen Vätern ererbet hatte — da lebte er genügsam und ruhig, und strebte nach keinem andern Ruhme, als, wenn ihn das Aufgebot zum Kriege rief, keiner der verächtlichsten Krieger seines Königs zu seyn. Der Sohn lernte nichts mehr als sein Vater konnte; und hatte er gleich Gaben genug gehabt, um etwas mehr als ein freyer Landmann zu werden, so war dennoch eine stolze Domherrnkurie für seine Wünsche zu hoch. Noch eher ließ sich gedenken, daß der Freye in den Städten Anspruch auf Domspfründen gemacht hätte. Die glänzende Aussenseite dieses Standes lag dem freyen Bewohner der Stadt zu nahe, als daß sie bey ihm nicht die Begierde hätte rege machen sollen, auch ein Glied einer so ansehnlichen Versammlung zu werden. Zudem hatte er mehrere Mittel in Händen, sich so zu befähigen, daß er sich jedem vom Adel an die Seite setzen konnte. Wenn es ferner historisch gewisse Thatsache ist, daß nach Erbauung der Städte viele vom Adel sich in die Städte begaben, so wurde der freye Bürgerstand hiedurch mit dem Adel etwas genauer verbunden. Die Adeliche in den Städten machten auf diese Art gleichsam den Mittelstand aus, wodurch der bloße Freye sich dem Adel anschloß, und der Zwischenraum einigermassen dem Auge entzogen wurde, welcher zwischen dem Adel und dem Stande der bloßen Freyen in einer bürgerlichen Gesellschaft befindlich ist. So will ich es gerne zugeben, daß mancher ehrliche Bürgerssohn durch vorzügliche Talente und Geschicklichkeit sich einen Platz in dem Chore der Cathedralkirche erwarb. Allein, wenn gleich von den ältesten Zeiten her schon adeliche Geschlechter in den Städten waren, so läßt es sich doch eben so gut gedenken, daß der Hof der Bischöffe, und die glänzenden Curien der Domherrn erst ihre Anverwandte in die Städte zogen. Zwar konnten sie ihre Rittergüter und Schlösser, den Stolz der adelichen Geschlechter, beybehalten; aber die Reize des Stadtlebens, welche den Bischöffen und Domherrn zu Gebote standen, konnten doch wohl auf den stolzesten Ritter, der Kaufmannschaft und Gewerbe für erniedrigend hielt, und sich nichts bessers wußte, als sein Schloß, und seinen Rittersitz, so viel Eindruck machen, daß er seinen Aufenthalt auf dem Lande und in der Stadt theilte. Andre, welche nicht so viel Anhänglichkeit an ihre väterliche Erde hatten, weil ihr Gebiet klein, und ihr Schloß nur Sitz der Armuth war, opferten gerne den ländlichen Aufenthalt einem ungleich behaglichern Leben bey ihren städtischen Vettern, den reichen Domherrn auf. Der Bischof erhielt bald eine ansehnliche Lehnsmannschaft, welche zum Theile Hof= zum Theile Kriegsdienste zu verrichten hatte. Ein großer Theil des Adels mußte sich also in der Stadt, wenigstens zu gewissen Zeiten aufhalten. So erschien nach und nach ein großer Theil des Adels in den Städten, welche er nun nicht mehr wie Kerker ansehen konnte; da sich die Umstände so sehr geändert hatten. Nimmt man nun diese Data als Gründe an, welche wenigstens einen großen Theil des Adels zur Wahl des städtischen Aufenthalts bestimmten, so wird es begreiflich, wieviel eben dieser Aufenthalt zum ausschließlichen Besitze des Adels in Erzhohen und hohen Stiftern beygetragen habe. — Denn läßt sich wohl gedenken, daß bey den vielen Reizen, welche die Domherrnstellen hatten, der so natürliche esprit de corps nicht auf Mittel verfallen sey, dieselbe dem Adel allein zuzuspielen? Doch man höre, wie das Interesse des Adels bey dieser Sache immer einen höhern Schwung erhält, und urtheile dann selbst, ob demselben die Domherrnstellen entgehen konnten.

Bey den Wahlen der Bischöffe hatte der Adel bishieher den stärksten Einfluß gehabt. Der Clerus und das Volk wurden von ihm bald gewonnen, wenn er nur einmal unter sich einig war, wer zum Bischoffe gewählt werden solle; zumahl da das Interesse den Erzhohen und hohen Domherren selten im Ganzen von jenem des ganzen Adels verschieden war, wenn es sich auch zuweilen in Hinsicht der zu wählenden Person hätte durchkreuzen sollen. So hatte der Adel das Mittel in Händen, der Regel nach immer einen vom Adel zum bischöflichen Sitze zu befördern. Dies Wahlrecht mußte ihnen um so wichtiger seyn, je mehr sie bisher wenigstens einzeln die Wohlthat gefühlt hatten, Bischöffe aus ihrer Anverwandtschaft zu haben. Allein die Capitel, die nun schon so wichtige Veränderungen zu ihrem Vortheile erlebt hatten, fiengen an, ihr wahres Interesse, das sich allein auf die Hoheit ihres eignen Standes bezog, besser einzusehen, und auf Mittel zu denken, den übrigen Clerus sowohl, als den Adel, und das Volk von dem Wahlrechte der Bischöffe auszuschließen.

Von Seiten des römischen Hofes begünstigte man diese Plane mit aller Macht. Der erste Schritt hiezu war, daß man die neue bisher unerhörte Lehre aufstellte, als machte der Bischof mit seinem Capitel nur Einen Körper aus, von welchem jener das Haupt, dieses aber die Glieder vorstellte (1). — Diese Lehre erzeugte die Revolution in dem Kirchenwesen, daß die Capitel entschiedene Vorzüge vor dem übrigen Clerus erhielten, und mit Ausschließung desselben allein von den Bischöffen zu Rathe gezogen wurden. Sobald einmal diese Lehre festen Fuß gefaßt hatte, fieng man an, eben die Grundsätze, welche man bey Pabstwahlen schon so glücklich durchgesetzt hatte, auch auf die Bischöffe anzuwenden, nemlich Wahl und Einwilligung — Worte, welche man bisher für gleichbedeutend gehalten hatte, zu unter-

---

(1) C. 4. X. de his, quæ fiunt a Prælato sine consensu capituli. — Nachrichten vom Zustande der Gegenden und Stadt Juvavia. S. 544.

ſcheiden. Dem Clerus räumte man das Recht ein,
bey dieſem wichtigen Geſchäfte, ſeinen Rath zu ertheilen, dem Capitel das Recht zu wählen, dem
Volke zu begehren und dem Adel einzuſtimmen, wiewohl man auch eine Wahl nicht für nichtig anſah,
wenn ſie gleich der Adel nicht mit ſeiner Beyſtim-
mung (aſſenſu) zu beehren für gut fand (m). Das
war denn natürlich ein fürchterlicher Schlag für den
Adel, ſich mit einem einzigen Grundſatze, der bald
herrſchend geworden war, von einem ſeiner wich-
tigſten Vorrechte verdrängt zu ſehen. Ohne Verſuche blieb es nicht. Aber es waren Verſuche der
Unmacht, welche für den Mächtigen bloße Vorwürfe von begangener Ungerechtigkeit ſind, aber
ihrer Unwichtigkeit wegen verlacht und vergeſſen
werden (n). Schon Innocenz II. beſtättigte eine
Wahl, gegen welche ſich der Adel geſetzt hatte (o),
und Innocenz III. erklärte mit dürren Worten,
daß derjenige zum Biſchof gewählt werden ſollte,
auf welchen entweder das ganze Capitel, oder der
größere und vernünftigere Theil verfallen würde (p).

(m) Gerohus apud Baluzium miscell. T. V. p. 87.

(n) Schmidt Geſch. der Deutſchen, Th. II. B. 6. Kap. 1.
p. 585 f.

(o) Die angef. Stelle in Schmidt.

(p) C. 42. X. de elect. & electi poteſt.

Da zuletzt auch unsere Kaiser den Willen der Päbste befolgen und den Gewählten des Capitels als Bischof anerkennen mußten; so verstummte der weltliche Adel allmählig und ließ für die Folge, wenige Versuche ausgenommen, die Capitel in dem ruhigen Besitze, ihre Bischöffe zu wählen (q).

Allein verdrängt von dem bisherigen Einflusse auf die Wahlen der Bischöffe mußte der Adel noch schlimmere Folgen befürchten, als er bereits erlebt hatte, wenn die Capitel vom Unadel besetzt werden sollten. Ihr Interesse, das natürlich bey den Streitigkeiten mit den Capiteln sich getheilt hatte, mußte sich nun bey dem ruhigen Besitze derselben mit dem Interesse der Capitel vereinigen, um mit vereinigten Kräften ihre Anverwandtschaft in den Chören der Erzhohen und hohen Stiftskirchen sowohl, als auf den Sitzen der Bischöffe zu erhalten. Je weniger unmittelbaren Einfluß sie nun auf die innern Geschäfte der Domcapitel hatten, desto mehr mittelbare Einwirkung mußten sie zu gewinnen suchen. — Wenn Ihnen dieses glücklich von statten gieng, so konnten sie leicht das Opfer vergessen, welches Sie mit ihrem Rechte an den Bischofswahlen machen mußten. Und in der That, so wahr es gleich ist,

―――――――――

(q) Juvavia l. c.

daß der Adel der Stifter sich gegen die Gewalt setzte, mit welcher man ihm ein wohlerworbenes Recht entziehen wollte, so waren dennoch seine dagegen erhobene Klagen weder nach ihrer Dauer noch ihrer Intention von der Beschaffenheit, daß sie mit dem Verluste seines Rechtes in einem Verhältnisse gestanden wären. Der Grund hievon mochte freylich zum Theile in der Uebermacht derjenigen liegen, welche sich als Gegner des Adels durch ihre Verordnungen erklärt hatten: — Allein es läßt sich auch gedenken, daß der Adel nicht eben so ungerne das Recht, unmittelbar bey der Wahl eines Bischofs mitzusprechenden Capiteln allein und ausschließlich eingeräumt habe. Da dieselben mit lauter adelichen Geschlechtern besetzt waren, so war man um so weniger in Gefahr, einen Bischof aus dem Unadel anerkennen zu müssen, weil mit dem Adel zugleich der übrige Clerus und das Volk ihre Concurrenz bey Bischofswahlen verloren; welche doch hie und da dem Interesse des Adels gefährlich war, und in der Zukunft noch ferner hätte seyn können.

Dieser Gedanke, den schon der größte unter den teutschen Geschichtschreibern Michael Ignaz Schmidt (r) äußerte, gewinnt um so mehr Wahr-

---

(r) l. c.

scheinlichkeit, wenn man die Bruchstücke von Registern durchgeht, welche uns teutscher Fleiß aus alten Denkmählern zusammenträgt. Wohl reichen manche Register bis in das zehnte und eilfte Jahrhundert: aber da sie nur trockne Verzeichnisse von Vornamen sind, so lassen sie den Geschichtsforscher in Rücksicht der adelichen Mitglieder gemeiniglich unbefriediget. Nur selten trifft man im 11ten Jahrhunderte auf einige Geschlechtsnamen, welche der höhere Adel zu dieser Zeit bereits angenommen hatte. Allein die immer größre Menge von Mitgliedern ohne Geschlechtsnamen würde immer den Schluß auf den größten Theil von adelichen Mitgliedern oder gar auf eine unvermischte adeliche Versammlung höchst ungewiß und schwankend machen, wenn nicht andere Gründe, deren ich bereits einige angeführet habe, das scheinbar Gewagte dieses Schlusses einigermassen rechtfertigen. — Weit entfernt daher, den ausschließlichen Besitz des Adels in dieser Periode für gewiß auszugeben, ist mir bey dem Mangel an Thatsachen, Wahrscheinlichkeit, wenn sie doch erreicht werden kann, schon hinlänglich. — Zwar versuchten es einzele Geschichtschreiber der Städter, in denselben den ausschließlichen Besitz des Adels schon für diese Zeiten zu erweisen; oder nehmen ihn doch ohne einigen Beweis an, wie

Gropp (s) für Wirzburg, Heyberger (t) für Bamberg, Schaten (u) für Paderborn? Allein was können mir diese apodictische Behauptungen ohne Beweiß frommen? oder was richtete Schaten aus, wenn er aus einer Verordnung des Bischofs zu Worms vom Jahr 1044, worinn die Domherren daselbst nobiles wormatiensis ecclesiæ Commilitones genennt werden, beweisen will, daß schon in diesem Jahr das Domcapitel zu Worms von dem Adel besetzt gewesen sey? Könnte ihm der Zweifler nicht entgegensetzen, daß nobilis eine doppelte Bedeutung habe, und vom hohen Adel, oder überhaupt von einem Vorzuge, worinn er auch immer bestehe, verstanden werden könne? — Allein im 12ten und 13ten Jahrhunderte, da auch der niedre Adel anfieng, Geschlechtsnamen zu gebrauchen, wird es immer sichtbarer, wie die ritterlichen oder Herrn und Dynasten, wie auch Ministerialgeschlechter den ausschließlichen Besitz der Erzhohen und hohen Domprädenden an sich rissen. Zwar sind die Register theils unvollständig, theils haben wir sie bey weitem nicht von

---

(s) Script. & rerum Wirceb. collect. noviss. T. I. p. 832.

(t) Wilhelm Joann Heyberger Ichnographia chronici Babenbergensis diplom. P. prior Bamb. 1774. p. 73 §. 88.

(u) In annal. Paderborn, T. II. L. 18. p. 740.

allen Stiftern. — Hiezu kömmt, daß auf einer Seite sich nicht alle Geschlechter sogleich Beynamen zulegten, auf der andern aber, wenn sie es auch thaten, sie dennoch nur von denjenigen geführt zu werden pflegten, welche die Schlösser, und Ritter= güter wirklich im Besitze hatten: Endlich dauerte die Sitte in den Capiteln auf späte Zeiten, selbst bis in das funfzehnte Jahrhundert fort, daß sich besonders diejenigen, welche eine Ehrenstelle in den Capiteln verwalteten, lieber nach dem Eh= renamte benennten, als nach ihrem Geschlechte. Alles dieses zusammengenommen, macht auch in diesen Jahrhunderten den Gebrauch der Register unsicher und schwer. — Wenn aber in dem Bis= thume Halberstadt im 12ten und 13ten Jahrhun= derte alle Bischöffe von fürstlichen, gräflichen und dynastischen Familien entsprossen waren; — Wenn die meisten Vompröbste edle Geschlechtsnamen füh= ren, und ein einziger Schustersohn aus einem Dorfe bey Halberstadt, Johannes Semeia, der noch dazu sich unter der Firma des Adels, wie ich nach= her zeigen werde, als hochgelehrter und berühmter Doctor der Decrete in das Capitel schlich, in der Reihe derselben sich befindet; wenn über dies seine hoch= adelichen Mitbrüder, die Grafen von Diepholt, Kirchberg, Reinstein und Stollberg bey

jeder Gelegenheit den hochgelehrten Doctor an
seine Schustersherkunft erinnerten; — Wenn
schon im zwölften Jahrhunderte, wo bey weitem nicht
Alle Geschlechtsnamen führten, unter 54 genannten offenbar 27 aus alten fürstlichen, gräflichen und
dynastischen Häusern entsprossen waren; wenn endlich im dreyzehnten Jahrhunderte unter 83 offenbar 68 vom Adel waren, die übrigen aber sich nur
schlechtweg entweder mit Vornamen bezeichnen, oder
den beliebten Titel eines Priesters oder Diacons
führen: so wird der Schluß auf die Oberhand des
Adels in dem Capitel zu Halberstadt nicht zu kühn
oder unbescheiden seyn (w). Ja, wenn man von
den Eigenschaften der Meisten in einem Collegium
nach den Grundsätzen der Logik eine Regel für diejenigen zu abstrahiren befugt ist, welche in dasselbe
aufgenommen zu werden wünschen, so kann ich in
Hinsicht des Capitels zu Halberstadt den Adel um
so mehr als eine nothwendige Eigenschaft der Aufnahme gelten lassen, als von der offenbar größern
Anzahl gewiß ist, daß sie vom Adel war, hingegen
von der offenbar kleinern Anzahl ungewiß, ob sie
vom Unadel gewesen sey. — Treffe ich nun dieses

(w) Lenzens diplomatische Stifts- und Landeshistorie
von Halberstadt, Halle 1749. S. 29. 56. 336. 169.

Verhältniß in andern Stiftern übereinstimmend mit jenem von Halberstadt an; — sehe ich in den Registern der Domherrn zu Wirzburg, daß sich mit dem ersten Gebrauche der Geschlechtsnamen schon mehrere zeigen, welche sie führen, z.B. ein Herr von Hessenberg und von Beierbach (x) u.d.g. — daß im dreyzehnten Jahrhunderte sehr wenige ohne Geschlechtsnamen aufgeführt sind, und daß diejenigen, welche entweder kein Von bey ihrem Geschlechtsnamen haben, oder sich schlechthin mit ihren Taufnamen bezeichnen, vielleicht eben so gut von adelichen Geschlechtern waren, als die im vierzehnten Jahrhunderte vorkommenden Heinrich Speth und Fridrich Küchenmeister (y): so wird mein Schluß etwas allgemeiner und sicherer. — Die Avtonomie, welche fast allein statt aller Gesetze bey jedem einzelnen Menschen eben so, wie bey ganzen Gemeinheiten, war, ist zuletzt auf Nachahmung gegründet: — Eine Norm, welche in der Natur der Sache liegt. Ein benachbartes Capitel sah die Sitte von einem andern, vermöge welcher dasselbe nur dem Adel der Regel nach den Zutritt vergönnte. Die Sitte gefiel, ward von dem ganzen

---

(x) Gropp l. c. p. 840.
(y) Unter Bischof Gotfried von 1303 — 1314.

Adel eines Stiftes begünstiget, und gieng so von einem Staate zum andern über. Was man bisher bloß durch Observanz einzuführen gesucht hatte, das mußte und sollte durch Mittel, welche man in Händen hatte, noch fester und unumstößlicher gegründet werden. Die Mittel lagen in der collegialischen Verfassung. Man machte Statute, nur um dem Adel einen Zutritt in die Capitel zu vergönnen. Das Recht, Statute zu machen, räumt ihnen wohl jeder ein! Aber wie? Sollten sie auch das Recht haben, mit einem einzigen Statute den Unadel zu verdrängen, und die Meynung der Stifter zu vereiteln, die ohne Rücksicht auf Geburt und Ahnen nur für Frömmigkeit und Andacht sorgten? Allein man entwickle nur die Begriffe, welche in diesen unbestimmten Zweifeln liegen, um die Rechtmäßigkeit eines solchen Statutes darzuthun. Die ersten Stifter begnügten sich bey Gründung der Bisthümer und des bischöflichen Clerus, die allgemeine Absicht ihrer Stiftung dahin anzugeben, daß sie den Dienst des Herrn und die Wohlfahrt der Kirche befördern wollten. (Kap. I.) Die Stifter einzelner Präbenden folgten diesem Beyspiele, oder schrieben bey Abfassung ihrer Urkunden die Formulare der alten Stiftungsbriefe ab. Die Eigenschaften der Personen ließen sie unbestimmt. Ist nun aber in der ersten

Stiftung dieser oder jener Punct unberührt und unbestimmt geblieben, so liegt hierinn noch keine Verbindlichkeit der Nachkommen, denselben unbestimmt zu lassen. Vielmehr scheint mir gerade da, wo eine Unbestimmtheit gelassen worden ist, das Bestimmungsrecht der Capitel am ersten einzutretten, wenn sie nur dasselbe nicht zur Vereitlung des offenbar in den ursprünglichen Stiftungen ausgedrückten Zweckes misbrauchen: Nun war aber in Rücksicht der in die Capitel aufzunehmenden Personen offenbar eine Unbestimmtheit in den Stiftungen, folglich konnten die Eigenschaften derselben bestimmt werden. Und Wer anders, als die Capitel hätte das Recht haben sollen, diese Eigenschaften zu bestimmen? In den meisten Stiftungsbriefen hatten sie das Recht erhalten, über die Ihnen eingeräumte Güter und Rechte nach Willkühr zu disponiren, und so schließe ich, folglich auch zu bestimmen: Wer an diesen Gütern einen Antheil zu nehmen befugt seyn sollte. Sie bestimmten, daß nur der Adel allein dieses Rechtes fähig seyn sollte: Was war wohl hieben zu erinnern? Vereitelten etwa die Capitel hiemit den Hauptzweck der Stifter, welche ihre Güter und Rechte nur für fromme, andächtige Leute bestimmten? Aber Wer kann mir in den Begriffen eines Hochadelichen und frommen

Mannes einen Widerspruch zeigen? War der Adel nicht eben so fähig, zu beten und zu singen als der Unadel? — Oder entzogen etwa die Capitel dem Unadel ein wohlerworbenes Recht? Allein woraus wollte der Unadel ein wohlerworbenes Recht auf die Capitel erweisen? Etwa, weil bisher einzelne vom Unadel in den Capiteln waren? Gut: so hatten diese einzelne mit Präbenden versehene vom Unadel ein wohlerworbenes Recht auf ihre Präbenden. — Sie hätten über Unrecht klagen können, wenn man sie von dem rechtmäßig erlangten Besitze dieser Präbenden hätte verdrängen wollen? Aber wie will man hieraus ein wohlerworbenes Recht für den Unadel folgern, oder wie will man um deßwillen den Capiteln eine Verbindlichkeit auflegen, sich fernerhin Mitglieder aus dem Unadel zu wählen? Sie verbanden sich untereinander wechselsweise, die erledigten Präbenden nur an den Adel zu vergeben. Da sie dieselben vergeben konnten, an wen sie wollten, so konnte der Unadel nicht über Unrecht klagen, wenn er übergangen wurde. Allein wenn man auch vielleicht kein Bedenken tragen würde, die Rechtmäßigkeit dieser Statute in Rücksicht der Capitel zuzugeben, so wird man mir dennoch dieselbe in Rücksicht eines Drittern, der etwa das Recht hätte, gewisse Präbenden zu besetzen, nicht einräumen. In dieser Rücksicht gewinnt freylich die Sache eine etwas veränderte Gestalt. Man könnte sagen, dem Pabste stand bisher das Recht zu, gewisse erledigte Präbenden zu vergeben; bisher war er nicht an Statute gebunden, und konnte nach Willkühr dem Unadel sowohl, als dem Adel eine ansehnliche Gnade mit einer Präbende erweisen. Nun sollte er gebunden seyn; sollte nur dem Adel eine Gnade erzeigen können, ohne je in diese Veränderung eingewilliget zu haben? Allein so entscheidend bereits die Machtsprüche der Päbste waren, und so demüthig die Capitel den mit Bann und Interdikt bewaffneten Befehlen derselben zu gehorchen gewohnt waren, so getrauten sich dennoch die Päbste nicht, mit Hintansetzung aller Rücksicht nach bloßer Willkühr in dieser Sache zu verfahren. Es war der Geist der Freyheit noch zu bekannt, den eine Synode zu Cölln im neunten Jahrhunderte verbreitet hatte; worinn dem Pabste mit allem Nachdrucke gesagt wird, ja keine Präbende nach Willkühr und Machtsprüchen zu vergeben (z). Die Capitel hatten sich in Besitz gesetzt, über die erledigten Präbenden

---

(z) Nullus unquam pontifex sine illorum conscientia de ipsa substantia, minimam unquam præbendam alicui per potentiam non tribuat. Synod. Coloniens. de a. 883. apud Harzheim Concil. T. II. p. 36.

nach Wohlgefallen zu disponiren. Wer Lust hatte, in dem Chore der Erzhohen und hohen Domstifter zu glänzen, mußte seine Bitte an die Capitel richten, und von ihnen die Aufnahme, oder eine abschlägige Antwort erwarten. Dies Recht hatten sie nicht nur durch Verjährung erworben, und seit undenklicher Zeit ausgeübt, sondern wurden auch in besondern Fällen in diesem Rechte auf das feste begründet (aa). Denn übereinstimmend mit diesen Grundsätzen war die Praxis der Capitel. Die Chronik von Wirzburg erzählt uns ein merkwürdiges Beyspiel einer von den Domherrn selbst geschehenen Vergebung von dreyzehn Präbenden, welche auf einmal in dem Domstifte zu Wirzburg erlediget wurden (bb). Wie fest konnte sich der Adel bey dem schon im dreyzehnten Jahrhunderte bestehenden Statute über sein ausschließliches Recht auf die Dompräbenden, nun bey so glücklich zusammentreffenden Umständen setzen? Die Päbste schon damals, wie noch heutzutage, mit Günstlingen und Leuten umringt, welche auf Präbenden lauerten, waren zwar immer geschäftig genug, ihre zudring-

---

(aa) Schmidt Gesch. Th. III. B. 6. S. 250.

(bb) Fries Wirzburg. Chronik S. 581. C. 29. conc. Mog. de anno 1262 T. III. conc. Germ. p. 664.

lichen Candidaten mit Provisionen zu befriedigen, welche sie bald in Form einer Empfehlung, oder ernstlichen Ermahnung, bald in Form eines Befehls ausfertigten. Aber diese Empfehlungen, diese befehlsähnlichen Ermahnungen richtete doch Innocenz III, und seine Nachfolger immer an die Capitel (cc); ein offenbarer Beweis, daß sie denselben allein das Recht, die erledigten Präbenden zu vergeben, eingeräumt haben. Wollte also der Pabst zu Rom Jemanden eine Gnade thun, so mußte er sich gefallen lassen, ihn der Untersuchung der Capitel zu unterwerfen, ob er auch nach ihrer hergebrachten Verfassung zu einer Präbende fähig sey. Selbst die ursprüngliche Form der päbstlichen Provisionen, welche nichts als eine Empfehlung enthielten, redet deutlich genug für die Capitel, und macht die Verbindlichkeit der Päbste begreiflich, sich nach den Statuten der Domstifter zu richten. Zwar arteten die Empfehlungen in catechorische Befehle aus, und die Capitel als gehorsame Kinder der Kirche beugten sich ehrfurchtsvoll vor diesen Befehlen: allein wer kann hieraus den offenbar verschiedenen, gewiß nicht in den factischen, von den Capiteln vielleicht in einzelnen Fällen nicht widersprochenen Anmassun-

---

(cc) Schmidt l. c.

gen liegenden Satz behaupten, daß er ein Recht gehabt habe, nach Willkühr dem Nächsten, Besten, wenn es nur seinem Interesse schmeichelte, eine Prä‑ bende in den Domstiftern zu verleihen? Indessen was frommen hier rechtliche Erörterungen? Der Pabst wagte es dennoch, die Observanzen und Statute der Stifter über die ausschließliche Aufnahme des Adels für unverbindlich und nichtig zu erklären.

§. Nie war sich die Politik des römischen Hofes, und noch weniger waren seine Handlungen gleich. Gre‑ gor IX. hörte von dem Capitel zu Strasburg, daß es seinen unadelichen Candidaten nicht aufzuneh‑ men gesonnen sey. Eine päbstliche Creatur nicht an‑ zunehmen, war mehr als Hochverrath; Man kennt die Waffen des römischen Hofes. Ein geistliches Anse‑ hen einem noch so widersinnigen Anspruche gegeben mußte mehr wirken, als Gründe und Sieg durch unheilige Waffen. Der an und für sich wahre Satz, daß zu den Dienern der Kirche nur fromme, mit See‑ lenadel und Tugend ausgerüstete Männer geschickt wären, wurde zu einer offenbar falschen Schlußfolge mißbraucht, nemlich zu dieser, daß also nicht allein der Adel, sondern auch der Unadel zu Präbenden der Domstifter fähig seyn müsse; zumal, fährt der Pabst fort, da bey Gott kein Ansehn der Geburt,

oder des Standes ist u. d. g. (dd). Dieser Trug,
schluß mußte der Entscheidungsgrund seyn, eine
nach Eingeständniß des Pabstes selbst alte und ver,
jährte Gewohnheit des Capitels zu Straßburg, nur
den Adel in sein Mittel aufzunehmen, mit einem
einzigen Federstriche aufzuheben, und dem ehrwür,
digen Bischof in Portia zu befehlen, mit Aufbie,
tung aller Mittel, welche er in seiner Gewalt hätte,
den vorgeschlagenen Candidaten von Unadel in den
Besitz einer Präbende zu setzen. Allein schon in
dem Statute selbst lag die Widerlegung des päbst,
lichen Schlusses; denn vermöge desselben sollte nur
ein nobilis liber, & ab utroque parente illustris,
aber zugleich, und was konnte der Pabst mehr
fodern? honestæ conservationis, & eminentis scientiæ
einer Präbende fähig seyn. Ich zweifle daher
sehr, ob sich der Anwald des Straßburgischen Ca,
pitels mit diesem päbstlichen Machtspruche beruhiget
habe. Wenigstens verfolgt die Geschichte diesen
Vorfall nicht weiter, vermuthlich, weil auch von
Seite des Pabstes die Aufnahme des Candidaten
nicht weiter betrieben wurde. Diese Verordnung
des Pabstes ward nun freylich ein Theil des cano,

(dd) C. 37. X. de præbend.

nischen Gesetzbuches, woraus Herr geheime
Justizrath Böhmer zu Göttingen folgern will,
daß damals, also im dreyzehnten Jahrhunderte gemei=
nen Rechtens gewesen sey, ohne Unterschied des
Standes, Adel und Unadel in die Capitel aufzuneh=
men (ee). Allein wie mir dünkt, ist diese Schluß=
folge zu rasch, und liegt keineswegs in den Prä=
missen. Viele Verordnungen der Päbste schlichen
sich in die Sammlung der Decretalen ein, ohne
daß man behaupten konnte, daß die in denselben ent=
schiedenen Rechtssätze sogleich die Kraft eines gemei=
nen Rechts erhalten hätten. Vielmehr machte man
bey Erscheinung mancher Verordnungen sogleich
Widersprüche von allen Seiten, und setzte dieselben
oft in wirklichen Thathandlungen durch. Das sieben
und dreyßigste Capitel der Decretalen im Titel von
Präbenden rührte weder von dem Schlusse einer
Kirchenversammlung her, noch wurde die alte Sitte
der Capitel irgend von einer Synode mißbilliget,
oder verworfen (ff). Gregor IX. als Verfasser
dieser Verordnung wurde Pabst 1227. Achtzehn
Jahre darauf kam die Kirchenversammlung zu Lyon

(ee) In programm. de jure promotorum adspirandi ad
beneficia ecclesiastica.

(ff) Thomassin Part. II. L. I, c. 104.

zu Stande, und fand in dem dasigen Stifte unter vier und siebenzig Domherrn einen von kaiserlichem und neun von königlichem Geblüte, 14 stammten von herzoglichen, 30 von gräflichen, und 20 von herrlichen Familien ab (gg). Warum suchte doch der Pabst nicht auch in diesem Capitel seine Verordnung geltend zu machen, wenn sie die Kraft eines gemeinen Rechtes gehabt hat? 1287 kam Nicolaus IV. auf den römischen Stuhl; warum setzte dieser unternehmende Pabst die Gregorianische Verordnung nicht in dem Capitel zu Trier durch (hh)? Ihm hatte bereits Erzbischof Boemund den Weg gebahnt, und durch die Versuche, welche er schon gewagt hatte, die bereits verjährte Gewohnheit des Capitels, nur Adeliche aufzunehmen, zu unterdrücken, den Unternehmungen des Pabstes das Vorurtheil der Neuheit entzogen, woran neue, wenn gleich noch so gute Verordnungen gemeiniglich zu scheitern pflegen (ii). Allein so thätig er auch im Gebrauche aller derjenigen Mittel gewesen ist, welche ihm Politik und Macht an die Hand gab, so dringende Befehle er ergehen ließ,

---

(gg) Sennertus in Chronol. ecclesiæ Lugd. ex tabulariis cameræ computorum. Cf. Thomass. l. c. p. 310.

(hh) Moser Staatsrecht des Churfürst. Trier S. 211.

(ii) Masenius Annal. Treyir. L. XVI. p. 171.

so fürchterlich er mit Excommunication und Interdicten drohte, so fand er dennoch das Capitel zu Trier nicht biegsamer, als sein Vorläufer Boemund (kk). Wie kam es, daß die Domherren zu Würzburg kaum sechzig Jahre nach dieser Verordnung ohne Widerspruch mit einem Statute von eben der Art auftraten (ll)? Warum sah es fast um eben diese Zeit Bonifaz VIII. uneingedenk der Gregorianischen Verordnung für nöthig an, die uralte statutenmäßige Observanz des Capitels zu Halberstadt, vermöge welcher die Domherrn daselbst von edlen oder ritterlichen Geschlechtern seyn mußten, zu bestättigen (mm)? Ich kann die Entscheidungsgründe, welche uns die päbstliche Urkunde in einem barbarischen Style liefert, nicht übergehn, denn der

---

(kk) Aehnliche Versuche geschahen unter Erzbischof Philipp Christoph. Er wollte schon den Trierischen Weihbischof Otto von Seeheim in Besitz setzen: „quod" sagt Masenius: „nonnullis risum, aliis „admirationem aut indignationem conciliavit. Ipse epi„scopus, non ignarus, quam inconstanter Sicnam lude„ret, hanc sibi displicere novitatem ostendit: Verum „tamen existimavit, prudentis esse, quandoque desipere „in loco & necessitati aliquid praesenti dandum esse, donec „mutetur choragus hujus comœdiæ." L. XXVI. n. 100.

(ll) Schoepf von den Domherren des Stifts Wirzburg p. 56.

(mm) Lunig spicil. T. II. App. p. 36.

Pabst schildert darinn in dem Schicksale des Stiftes Halberstadt fast das Schicksal aller Stifter. Die Ländereyen und Güter des Stiftes, sagt der Pabst, gränzen an die Güter und Schlösser der Großen und Edeln dieses Landes. Sie — gereizt von den schönen Einkünften, welche die Domherrn aus ihren Besitzungen ziehen, suchen immer Gelegenheit zu Streit und Fehden, — keine Gesetze halten die Habsucht dieser Ritter zurücke, oder bestrafen die ungerechten und gewaltsamen Angriffe der Kirchengüter. Ueberall hat sich das unselige Recht des Stärkern verbreitet, welches die Großen und Edlen des Landes in Händen haben. Die Waffen der Kirche ziehen den Kürzern, ihre Güter werden verwüstet, und die Nahrung der Diener des Altars wird ein Raub der Gottlosigkeit und des Frevels. Bey dieser Lage der Sachen wurde dem staatsklugen Pabste die alte Politik des Stiftes ganz begreiflich; — kein Mittel konnte dasselbe mehr für Gewalt und Verwüstung des Adels sichern, als der Entschluß, denselben in sein Interesse zu ziehen. Und wie war dies anders zu bewerkstelligen, als durch ein Statut, wodurch dem Adel diese Güter selbst in die Hände gespielt wurden. Sollte nun der Herr oder Ritter die Güter verheeren, aus welchen seine Anverwandtschaft ihre Nahrung zog? Sollte er die Wohnungen einer Söhne und Vetter zerstören, oder die Schätze seinen gierigen Vasallen und Knappen zur Beute überlassen, an denen er für seine Nachkommenschaft ein reichliches Auskommen vorhersehen mußte. Viel vermogte zwar der Fluch, womit der Pabst zu Rom die Räuber der Kirchengüter belegte, und wohlthätig, wenn irgend in einem Falle, war hier die Wirkung des Bannes, fast des einzigen Gegengewichtes gegen die Tyranney des Faustrechtes. Aber noch wirksamer war die Politik der Stifter, welche den Gemeingeist des Adels, die so natürliche Liebe für Nachkommenschaft und Glieder einerley Familie und Standes ins Spiel zu ziehen wußten. Diese Politik behagte dem römischen Hofe, wie ich bereits erwähnte, und er trug kein Bedenken, dieselbe zu bestättigen. War aber die Lage Halberstadts nicht die Lage aller Stifter? Und sollten die Domherren der übrigen Stifter nicht eben so klug gewesen seyn, nicht eben so gut den Punct ihres Interesse verstanden haben, als die Herren von Halberstadt? Wohl verstanden sie dasselbe: Wenn man die in spätern Zeiten gemachten Statute der Stifter liest; — selbst solche, in welchen das Doctorat, eine gesetzliche Existenz in den Stiftern erhielt; so berufen sich dieselben immer auf mehr als hundertjährige Observanz zum alleinigen Vortheile des Adels. Eine

D

Bemerkung, welche den Zustand der Capitel selbst bey dem Abgange gleichzeitiger Nachrichten ungemein erläutert (nn). Nur glaubte der Hof zu Rom, vermöge seiner Allgewalt in einzelnen Fällen ein besonderes Interesse dem allgemeinen vorziehen zu dürfen, und zwar den Adel in den Stiftern zu begünstigen, ohne jedoch auf der andern Seite einen Favoriten vom Unadel von dem Besitze fetter Präbenden völlig auszuschließen. Indessen ergiebt sich aus dem, was ich angeführt habe, daß weder die Päbste in ihren anfänglich geäusserten Grundsätzen sich gleichförmig geblieben, noch auch die Stifter in Teutschland sich so geradezu von ihren uralten Observanzen und Statuten ohne allen Widerspruch haben verdrängen lassen. Das berüchtigte sieben und dreyßigste Kapitel der Decretalen im Titel von Präbenden erhielt also die Kraft eines gemeinen Rechtes nie, und das allgemeine Uebergewicht des Adels in den Domstiftern war fest und unumstößlich gegründet. In der Folge boten sich den Capiteln Mittel genug dar, ihren Besitz noch dauerhafter zu

---

(nn) Von Hildesheim bey Böhmer observatio de jure promotorum p. 10. von Maynz und allen Suffraganen bey Würdtwein subsid. dipl. T. IV. p. 168. seq. von Minden bey ebend. T. X. p. 272. von Meissen, Merseburg und Naumburg bey Cramer de jurib. & praerog. nob. avit. Beyl. N. XV. u. d. g.

machen. Die Bischöffe, mit denen sie ohnehin von der Zeit an, da sie das ausschließliche Wahlrecht erhalten hätten, näher verbunden wurden, wußten sie für ihr Interesse zu gewinnen. Schon in diese Zeiten fällt der Ursprung, der in der Folge für die Grundverfassung der geistlichen Stifter so wichtig gewordenen Capitulationen. Diese gebrauchten die Capitel sehr weislich bey neuen Wahlen dazu, um sich ihre alten Gewohnheiten und Observanzen bestättigen zu lassen. Schon im zwölften Jahrhunderte sagt Bischof Otto von Freisingen, daß er die alten Gewohnheiten der Capitel, wie Gesetze ansehe (oo). War einmal der Bischof für das Interesse des Capitels gewonnen, und konnte man von ihm erwarten, daß er in Hinsicht der päbstlichen Attentate gemeinsame Sache mit Ihnen machen würde, so mußte die Verfassung der Capitel hiedurch mehr Festigkeit erhalten. Hiezu kam das Ansehen der Domherren, das wider alle Erwartung in kurzer Zeit bis zu einer staunenswürdigen Größe heranwuchs. Der Bischof Berthold von Nassau erklärt sich in einer Urkunde von 1251, nicht nur die alten Gewohnheiten und Statute seines Capitels aufrecht zu erhalten, sondern setzt auch

---

(oo) Lunig l. c. T. II. p. 255.

die Mitglieder desselben, in Hinsicht des Ranges eben so hoch über alle übrige Prälaten seines Sprengels, als die Cardinäle des apostolischen Stuhls samt dem Pabste über alle Hierarchen der catholischen Kirche erhaben waren (pp). Bey diesem Ansehen, welches die Domherren im Innern der Dioecös erlangten, mußte es Ihnen ein leichtes seyn, die Widersprüche gegen das ausschließliche Recht des Adels zu Domprabenden entweder zu unterdrücken, oder doch zurücke zu halten. Wie konnte es auch einem Manne vom Unadel nur einfallen, mitten unter den Ahnenreichen Herren einen Platz zu erlangen, der ihm gewiß durch die Vorwürfe verbittert worden wäre, welche man noch heut zu Tage von dem Pöbel des Adels erwarten müßte. Das Ansehn der Stiftsherrn wurde unterdessen noch mehr durch die Vereinigung mehrerer Präbenden in einer und derselben Person vermehrt. Sehr hoch und schwer verboten zwar die Kirchengesetze den Besitz mehrerer Präbenden: allein die Strenge derselben wendete man nie auf den Adel an. Vielmehr fand es die

---

(pp) Cum Canonici cathedrales sint Apsi prælatos suæ diœcesis universos, sicut Cardinales sedis apostolicæ cum summo pontifice super ecclesiam catholicam universam. — Dip. episc. Bertholdi de 1261 in Hanſiz Germ. Sacra T. I. p. 391.

Gesetzgebung selbst für nöthig, in Hinsicht desselben eine Ausnahme zu machen, und erlaubte dem Canonicus vom Adel, mehr als eine Präbende zu haben (94). Hiedurch gewann der Domherr des Einen Stifts auch Einfluß in das Capitel des Andern, und trug vielleicht den Geist des einen Stiftes mit in das Andre über. Die Einkünfte des Adels vermehrten sich, und mit ihnen die Mittel, sich in dem ausschließlichen Besitze der Dompräbenden zu erhalten. Bey allem dem ließen sich die Päbste die Hände nicht ganz binden; Ein Liebling vom Unadel wollte versorgt seyn, und wo konnte er eine bessere Versorgung finden, als in den Erzhohen und hohen Stiftern Teutschlands. Nicht alle Capitel hatten Muth genug, sich so standhaft, wie das zu Trier, gegen die Zudringlichkeiten der päbstlichen Curie zu setzen. Zudem kam es in einzelnen Stiftern auf das persönliche Verhältniß der Bischöffe und des größern Theiles der Domherren zum römischen Hofe, auf die mehr oder minder aufgeklärte Denkungsart, auf Furcht, auf Hofnung, auf Religiosität, und, was freylich das meiste beytragen mochte, auf Leidenschaften an,

---

(94) C. 28. X. de præb. Extrav. execrabil. de præl. & dig. „qui propter sublimitatem eorum, & generis claritatem sunt potioris prærogativæ gratia attollendi."

welche dennoch zuweilen zum Vortheile des römischen Hofes in Bewegung gesetzt wurden. Nach dieser Lage der Sachen schlichen sich hie und da päbstliche Creaturen in die Capitel ein, wenn sie gleich weder von Rittern, von Herren, oder Ministerialgeschlechtern waren. Eben so mochte auch mancher Bischof einem seiner Diener, der ihm etwa treue Dienste geleistet hatte, eine Präbende im Domstifte verschaft haben. Wenn man indessen über die Sache im Ganzen nachdenkt, so zeigt sich, daß diese einzelnen Fälle dem ausschließlichen Rechte des Adels wenig geschadet haben. Wir stehen in einer Periode, in welcher man bey weitem zu einem stiftsmäßigen Adel das nicht foderte, was man heut zu Tage zu fodern pflegt. Zwar erwähnen schon einige Statute des Adels von beyden Aeltern; — aber an Aufzählung einer langen Reihe von Ahnen dachte man nicht. Wenn nun der Pabst Jemanden mit einer Präbende providirte, so war er gewöhnlich schon in ansehnlichen Kirchenämtern gestanden, und vielleicht gar ein auserwähltes Glied der Cardinäle. Mit dem geistlichen Stande war an und für sich ein überwiegender Grad von bürgerlicher Ehre verbunden, und nichts größeres wußte man sich gar, als die Würde eines Cardinals. Sollte nun der teutsche Herr, oder Ritter so leicht eine Gefährde

dabey haben finden können, wenn ein ansehnlicher
Prälat, oder gar ein Cardinal eine Ehre darinn
suchte, neben ihm im Chor zu sitzen. Die Aufnahme
solcher Herren gieng nicht so sehr gegen die Begriffe,
welche man vom Adel hatte, und vielleicht merkte
es manches Capitel nicht, daß es gegen seine
Statuts handelte, wenn es den Ermahnungen oder
den Befehlen des Pabstes nachgab. Zudem war
die Geburt nicht der einzige Weg, zur ritterlichen
Würde zu gelangen. Wie? wenn die Aufnahme
in ein Domstift Ritterehre gegeben hätte? Eine
Vermuthung, welche Schmidt in seiner Geschichte
der Teutschen wagt, ohne sie jedoch weitläufiger
auszuführen. Wohl mag es seyn, daß solche Leute
in Rücksicht der bürgerlichen Gesellschaft Ritterehre
hatten, da sie Glieder einer ritterschaftlichen Gesellschaft waren. Allein der Blick auf ihre Anverwandte, welche vielleicht oft zur niedrigsten Classe
des Volks gehörten, mußte natürlicher Weise gewisse Zweifel gegen ihre Ritterschaft erwecken. Der
Mann, ohne Vorurtheil, schätzet noch heut zu Tage
die Verdienste, welche der Staat für würdig hielt,
mit dem Adel zu krönen. Allein wenn der Pabst

seine Dompräbenden eben so an den Nichtswürdigen verschwendete, wie zuweilen die Reichskanzley ihren Briefadel, so ferne nur die Taxe in klingender Münze erlegt wird, so ist es begreiflich, daß man den bloßen Domherrnadel eben so erbärmlich fand, wie heut zu Tage den Briefadel. Und dies mochte wohl der Fall sehr oft gewesen seyn. Die adelichen Domherrn pflegten sich nie von ihrem Geburtsorte zu benennen, sondern bedienten sich entweder nebst dem Tauf- auch der Familiennamen, oder nur gerade zu der Taufnamen, zumal, wenn sie, wie ich schon oben erwähnte, gewisse Würden und Prälaturen erlangt hatten. Die hie und da in die Capitel gekommenen vom Unadel mitten unter Rittern, Herren und Grafen würden daher eine kleine Figur mit ihren bürgerlichen Namen gemacht haben. Sie verschwiegen also ihren Geschlechtsnamen, so ehrbar auch derselbe gewesen seyn mochte, und benennten sich von ihrem Geburtsorte. Von dieser Art war ein gewisser Ludovicus de Colonia ein Favorit des Maynzischen Erzbischofs Sifrid. Allein diese Erfindung rettete den unadelichen Domherrn weder vor dem Hasse, noch dem Gespötte seiner Hochadelichen Chorgesellen, welche ihn immer mit dem verhaßten Titel eines hominis novis, oder intrusi zu bezeichnen pflegten (ss). Indessen ist sowohl diese Zigrerey der bürgerlichen Domherren, als der beständige Widerspruch des böllichen Capitels dennoch ein offenbarer Beweis von dem Rechte des Adels auf die Pfründenderen.

(ss) Gudenus Cod. Dipl. T. I. p. 605. 606.

Zweyte Abtheilung.
Von Entstehung des Doctorats bis auf den Westphälischen Frieden.

Erstes Kapitel.
Das Doctorat in den Erz- und hohen Domstiftern.

So war der Adel beynahe überall in dem alleinigen Besitze der Erzhohen und hohen Domstifter, als auf einmal eine unerwartete Erscheinung, die sich durch ganz Europa und nach und ausbreitete, die bis hieher festgesetzten Vortheile für den Adel zernichtete und Leute ohne allen Anspruch auf Rittergeblüt unter der Firma des Doctorats fast in alle Capitel einführte.

Schon im zwölften Jahrhunderte war es zwar allgemeine Sitte geworden, bey jeder Metropolitan- und Cathedralkirche einen, oder mehrere Lehrer anzustellen, und sie von den Präbenden der Domherrn zu unterhalten. Unwissenheit und Rohheit hatte sich beynahe in alle Kirchen eingeschlichen. Weit entfernt, daß sich der Clerus dem Studium der Theologie nehmen sollte, war er selbst unwissend in den ersten Grundsätzen der Grammatik; vegetirend verzehrte er seine Einkünfte, und was das schlimmste war, eine epicuräische Indolenz bemächtigte sich seiner dergestalt, daß selbst der natürliche Hang nach Kenntniß nie in ihnen erwachte, viel weniger zu einer gewissen Reife gelangte. Da war denn freylich eine so mächtigwirkende äußre Kraft vonnöthen, als damals in den Händen der Päbste war, den Clerus aus seinem Schlummer zu wecken. Gewiß wohlthätig in ihrer Wirkung, wenn gleich, wie die neumodische Sprache lautet, nicht immer rein genug, in ihren Absichten, gaben sie daher wiederholte Verordnungen, in jeder Cathedralkirche einen Lehrer der Grammatik; in jeder Metropolitankirche nebst diesem, einen Gottesgelehrten anzustellen, und ihm die Einkünfte einer Präbende anzuweisen (a). Allein man wird es ohne mein Erinnern einsehen, daß man in diesen Männern vergebens solche Doctoren suchen würde, als in der Folge auftretten. Es waren vielmehr schlechte und rechte Lehrer, ohne Doctorhut und Mantel, wurden also durch einen solchen Ruf bey weitem noch keine Domherrn, sondern genossen nur so lange die Einkünfte einer Präbende,

_____

(a) C. 1. 4. X. de magistris, & ne aliquid exigatur.

als sie das Lehramt begleiteten (b). Diese getroffene Einrichtung aber, so wie auch die ausgezeichneten Vortheile, womit man die Gelehrten aus dem Mittel der Capitel begünstigte, mußte die Aufnahme der Doctoren so vorbereiten, daß man sie in der Folge mit offenen Armen empfieng (c).

Ich lasse hier den wichtigen Streit unentschieden, den Paris und Bologna um die Ehre führen, das erste Wundergeschöpf, das man Doctor nennt, auf seinem Grund und Boden erblickt, und angestaunt zu haben. Streiten doch auch so viele Städte Griechenlands um die Ehre, Homers Geburtsort zu seyn? Soviel ist gewiß, daß im zwölften Jahrhunderte überall noch keiner, im dreyzehnten wenige zu Paris und Bologna die Catheder bestiegen (d). In Teutschland fand diese seltne Pflanze später ihr Gedeyhen. In Frankreich und Italien war die

---

(b) L. 4. ejusdem tit. „Non, quod propter hoc efficiatur „canonicus, sed tamdiu reditus ipsos percipiat, quam„diu perstiterit in docendo.“

(c) C. 5. X. de magistris.

(d) Conring de antiq. acad. dissert. 4. p. 235 seq. in Suppl. p. 364. Vitriarius Lib. 4. Inst. jur. publ. tit. 10. Nach Conring sollen Aegydius Columna genannt Romanus, und Peter von Tarantasia, der in der Folge Pabst unter dem Namen Clemens IV. geworden ist, die ersten Doctoren zu Paris geworden seyn.

Anzahl der Doctoren schon zu einer ziemlichen Anzahl herangewachsen, schon waren alle Misbräuche mit der Ertheilung dieser Würde verbunden, schon herrschte der größte Luxus in Festins und Kleidern, schon fand Clemens V. für nöthig, jedem Candidaten einen Eyd abnehmen zu lassen, daß er nicht mehr als 3000 Turonenser verschwenden wolle, schon klagte eben dieser Pabst, der Weg zur Doctorwürde stehe nur dem reichen Ignoranten offen (e), als zwar mancher rüstige Doctor von Bologna oder Paris in unsre Gegenden kam (f), aber doch noch immer für ein gelehrtes Abentheuer gehalten wurde (g).

Aber im vierzehnten Jahrhunderte, als Carl IV. die Universität zu Prag nach dem Muster von Paris errichtet und Doctoren vom Auslande berufen hatte, ward nicht allein die Doctorwürde, sondern auch

---

(e) Clement. 2. de magistris.

(f) J. B. Johannes Semeca, genannt Hans der Teutsche, der Dompropst in Halberstadt war, und 1245 gestorben ist.

(g) Der Ulmische Mönch Felix Faber L. 1. hist. Suev. c. 8. sagt:
„Pro monstro habitum magistrum, vel baccalaureum, & „inter mille clericos non repertum unum, qui saltem „vidisset universitatis alicuius locum."

die hohe Meynung, die man schon von ihr gefaßt hatte, gäng und gebe (h).

Es wird von Schritt zu Schritte immer sichtbarer, wie sich alles neigt zum offenbaren Vortheile der Doctoren, wie sie mit entschiedenen Vorzügen in die Capitel dringen, und wie sie der ritterstolze Domherr mit Bewundrung und Ehrfurcht neben sich im Chore ansieht! Und wie konnte es wohl anders gehn bey den vielen zusammenwirkenden Ursachen, Ihnen nicht nur bleibende Vorzüge zu gewähren, sondern auch die Meynung selbst zu begründen, daß die Würde des Doctors, Adel, ja selbst noch mehr als Adel sey?

Der Schutz, womit die Päbste das Doctorat gleich bey seiner Erscheinung unterstützten, gab unstreitig den Doctoren bald ein entschiedenes Ansehen. Wenn ich gleich überzeugt bin, daß Conring's (i) und Christian Thomasius (k) Behauptungen zu weit gehen, wenn sie auch hier, so wie überall, nichts als feine Politik des römischen Hofes sehen wollen, der die Doctoren erhob, um durch ihre Federn und Lehren desto gewisser

---

(h) Lehmann Chron. Spir. L. 7. c. 98.
(i) Differt. V. de antiquit. acad. p. 159.
(k) De hominibus propriis §. 94.

wirken zu können: so scheinen mir doch die Bemü‐
hungen der Päbste, den Doctoren nur solche Vor‐
züge zu geben, die sie näher an ihr Interesse an‐
ketteten, unverkennbar in der Geschichte zu liegen.
All' der Kleiderpomp, der besonders unaufgeklärten
Menschen, Bewundrung und Ehrfurcht abzwingt,
womit man Kopf, Hände und Schultern der Docto‐
ren ziert, ist wohl in seinem Anfange nichts anders
als Copie der Priesterkleidung. Wer erkennt in
der purpurnen Epomis nicht die Capuze, und in
dem Hute den Priesterhut, wie wohl er frölich
so gut, wie der weltliche, manche Moden durch‐
machen muste, und erst im sechzehnten Jahrhun‐
derte in dem itzigen Zuschnitte erscheinen konnte.
Der goldne Ring war ein Symbol bey Verlei‐
hung geistlicher Aemter (l), und der lange Doctors‐
rock auch jener des Geistlichen. Die Canzler der
Academien waren Bischöffe, Pröbste und Dechante
der Stifter, die Grade selbst wurden unter geistli‐
cher Auctorität ertheilt; kurz, alles schien sich da‐
hin zu vereinigen, die Doctoren dem geistlichen
Stande anzuschließen und ihr Ansehen soviel mög‐
lich zu erhöhen (m). Aber frölich, in uns selbst

(l) C. 3. X. de his, quæ fiunt a major.
(m) Conring l. c. Suppl. 67. p. 364.

liegt ein Drang, der uns nach Ehre und Hoheit streben heißt. Finden wir den Weg hiezu in uns, so betretten wir denselben desto eifriger, je schmeichelhafter es ist, aus eignen Kräften groß geworden zu seyn.

Die Doctoren sahen sich auf einmal in dem Besitze so großer Ehre und mochten sich wohl selbst über diese Metamorphose gewundert haben. Ihr Selbstgefühl noch mit der Gewißheit zu erhöhen, daß ihre Vorzüge selbst in den Gesetzen gegründet seyen, schlugen sie ihre angebeteten Gesetzbücher auf, und fanden mit Erstaunen, daß Ulpian nobilis (n), ja wohl gar nobilissimus (o) genennt werde. Wie hätte man auch wohl den guten Doctoren einen Zweifel zumuthen sollen, daß sie so gut von Adel wären, wie Vater Ulpian? Freylich hätte sie ein andrer mit eben dem Syllogism zu Scriniorum magistros gemacht, denn auch Ulpian war Kaiser Adrians Scriniorum magister. Allein wer von uns würde auch so schließen wollen, wenn es um unsre Vorrechte gelten sollte? Eben die glänzenden Titel fanden sie bey einer ganzen Reihe römischer Rechtsgelehrten. Nur zu deutlich sagten die Gesetze, daß

(n) L. 2. §. ult. L. 4. f. D. de excusat. tutor.
(o) L. 4. §. 1. f. Cod. de postulat.

der Rechtsgelehrte und Ritter (p) sich mit eben demselben Gegenstande beschäftige (q); nun sagte die Logik: „talia sunt subjecta, qualia praedicata „demonstrant (r)." Was war deutlicher dargethan, als der Adel der Doctoren? Ich unterhalte meine Leser mit keiner Hypothese, wenn ich den Ursprung der Meynung von dem Adel der Doctoren in dieses schöne Raisonnements setze. Lehrte doch der berühmte Bartolus, jeder Doctor werde nach zehnjährigen Vorlesungen, wie die Glosse sagt, ipso facto ein Ritter (s), und nach zwanzig Jahren ein Graf (t). Wer das Ansehen der Glosse kennt, wird es sich bald erklären, wie ein ganzes Heer von Schriftstellern, begeistert von diesem Orakelspruche zur Verfechtung solcher Vorzüge sogleich zu Gebote stand, und wie der gelehrte und ungelehrte Theil des Publicums diesen Machtspruch für baare Wahrheit annehmen konnte. Die Doctoren, unterstützt von dem Ansehen der Glosse und gesichert für jedem Vorwurf von der herrschenden

---

(p) So übersetzte man miles im römischen Verstande.
(q) L. 14. C. de offic. div. jud.
(r) Nolden de nobilit. p. 88.
(s) Bartolus ad L. 1. Cod. de profess. & med.
(t) Ebend. ad L. 12. C. de dignitatibus.

E

Meynung, trugen kein Bedenken, sich selbst Ritter zu nennen und zu schreiben (u). Wem ist unbekannt, daß noch Kaspar Schlick mit diesem Titel in seinen Unterschriften erscheint, ohne daß sich Jemand hieran hätte ärgern sollen (w)? Ja: Was doch eine einmal festgesetzte Meynung sogleich auf Sprache wirkt! — Die Wörter *equites legum & armorum*, *chevaliers des loix*, und *chevaliers des armes*, kriegerische, oder streitliche Ritterschaft, und Ritterschaft des Rechten (x) wurden nicht allein überall, wo es nur Academien und Doctoren gab, gäng und gebe, sondern man paßte auch die Schulnamen der Baccalaureen dem Ritterstande, und umgewandt Ritterbenennungen den academischen Würden an (y).

(u) J. J. 1323 war zu Meßana ein gewisser Orlandes de Graffio, der sich J. V. professorem & militem schrieb. In dem Chronikon Peter IV. Königs von Arragonien wird L. III. c. 12. von einem gewissen Misser Rodrigo Dietz gesprochen, que era doctor & cavaller.
Man sehe Viguleius Hundius Auszug historischer Observationen zum Bayrischen Stammbuch P. II. p. 407 u. f. unter dem Worte Ritter, und Georgii Henrici Ayreri opusculorum novorum Sylloge nova. Gottingæ 1752. p. 123 f.

(w) Struben Nebenstunden Th. V. S. 139.

(x) Die teutsche Gloße zum ersten Buch des Sachsenspiegels. Art. III. n. 5.

(y) Ayrer l. c. S. 124.

Die Würde eines *batchelor* ist die erste und Grundwürde aller ritterlichen Ehre in England, und ein Doctor der Rechte heißt *Sergeant at law* (z). Wer wird sich bey dieser Lage der Sachen noch wundern über die geschwinde und willkommne Erscheinung der Doctoren in den Capiteln hoher Erz- und Domstifter?

Hiezu kam noch, daß die Begriffe von Adel und Unadel höchst schwankend und unsicher waren: Wer sich über die Begriffe und Rechte desselben belehren wollte, suchte sich nicht in der Geschichte und Observanz, sondern in seinen fremden Gesetzbüchern Befriedigung, oder machte sich selbst nach seinen subjectiven Verhältnissen willkührliche Begriffe. Da mußte man freylich Resultate finden, welche die schon herrschende Meynung von dem Adel der Doctoren noch mehr begünstigten.

Man sah, daß in dem römischen Staate bey all der Begünstigung des Kriegsstandes dennoch der Soldat in Hinsicht der bürgerlichen Ehre kein Uebergewicht erhielt, sondern der Diener des Staats in seiner Toga die nämlichen Ansprüche auf bürgerliche Hochachtung machen konnte, wie der Mann, der den rühmlichen Entschluß faßte, für's Vater-

---

(z) Chambers Cyclopædia, voce Knigth and batchelor und voce Sergeant.

land zu sterben. Insonderheit konnte man die Lobsprüche nicht ohne Vergnügen lesen, welche Justinian den Rechtsgelehrten machte, daß sie vertrauend auf ihre ruhmvolle Beredsamkeit der schwankenden Hoffnung aufhälfen, und den Bürger des Staats so gut vertheidigten, wie der bewaffnete Krieger (aa). In eines Jeden Seele gewann bey diesem Complimente die Selbstliebe neue Kraft; und jeder dachte sich bey Durchlesung dieser von dem Gesetze selbst geheiligten Schmeicheley, Justinian habe ihn auch gemeynt. Man las die Satyren über die famosas imagines, und freute sich über die Uebereinstimmung des Dichters mit den Gesinnungen, welche Jeder, der den Bartolus studiert hatte, über den damaligen Adel haben mochte: Der Lehrer der Rechte unterhielt seine aus den verschiedensten Provinzen versammelte Zuhörer mit stoischen Begriffen, und führte seinen Beweis mit einem ungeheuren Aufwande von Gelehrsamkeit, welche er aus Gesetzstellen, Glossen und römischen Philosophen entlehnte (bb). Die Schüler beteten mit Ehrfurcht

---

(aa) L. 14. C. de advocat. divers. jud. „Militant namque „causarum patroni, qui gloriosæ vocis confisi munimine „laborantem spem, vitam & posteros defendunt.‟

(bb) B. Cicero de off. L. I, C. 22. §. 4. Seneca in epist. ad Lucil. 31. 44.

dem großen Lehrer nach, und zurückgekehrt in ihr Vaterland klärten sie ihre staunenden Landesleute mit Beyfalle über nie gehörte Dinge auf. Der Geistliche las seine Bibel, und siehe: da fand er mit dürren Worten die schönen Lehren bestättiget! Schlug man gar die Werke der Kirchenväter auf; o da fand man zu seinen Grundsätzen die schönsten Commentare, und sah sich am Ende im Besitze von Wahrheiten von mathematischer Evidenz. So vereinigte sich alles über die Existenz und die Vortrefflichkeit eines Seelenadels, bey dem freylich nichts zu erinnern gewesen wäre, wenn man ihm nicht eben die Vorzüge hätte einräumen wollen, welche der Staat nur für den Geburtsadel bestimmt hat. Die Ueberlegenheit an Kenntnissen gab der angenommenen Idee von dem Adel der Doctoren noch mehr Festigkeit. Der Adel bis hieher nur gewöhnt, die vorkommenden Streitigkeiten zu schlichten, staunte die bisher unerhörte Gelehrsamkeit der Doctoren an, und sah sich unversehends zu einer Nulle in den Tribunalen herabgewürdiget. Vom Kaiser herab bis zu dem geringsten Fürsten und Stande hatte jeder an seinem Hofe einen Doctor, der sein Rath und Liebling war (cc). So wie also die Doctoren im Gerichte

---

(cc) Struben Nebenst. I, o. S. 140.

und bey Hofe mitten unter den Versammlungen der Ritter glänzten, so vergaß man des natürlichen Unterschieds zwischen Doctorat und Ritterschaft, und ließ geschehen, daß jenem ebendieselben Vorrechte, wie dieser eingeräumt wurden. So konnte der in einen Edelmann umgeschaffene Doctor, ohne ritterliche Abkunft mit leichter Mühe Sitz und Stimme in den Capiteln hoher Erz = und Domstifter erlangen. Ohne diese von so vielen Gründen unterstützte Täuschung würde vielleicht der Unadel von den Capiteln auf immer ausgeschlossen gewesen seyn! Freylich suchte der Pabst den Grundsatz geltend zu machen: vor Gott sey kein Unterschied der Personen, und die Würde des Gottgeweyhten hänge nicht von seiner Geburt und seinen Ahnen, sondern von seiner Tugend ab (dd). Allein was richtete die Beredsamkeit Gregor IX. aus (ee), oder was Nicolaus IV. mit dem über das Capitel zu Trier ausgesprochenen Bannfluche? Wenn

---

(dd) Non genus, sed virtus nobilitat & facit dignum Dea ministrum.

C. Vlt. X. de præb.

Nos, qui præsumus, non locorum genetis dignitate, sed morum nobilitate innotescere debemus.

Canon. Hos qni, Dist. 40.

(ee) C. 37. X. de præb. V. Thomassinus P. II. L. I. V. & n. eccl. Discip. Cap. 104. p. 310.

weder Erzbischof Boemund, noch der gefürchtete und geschätzte Pabst nicht einmal dem kaiserlichen Leibarzt und dem Trierischen Official, gewiß wichtigen und angesehenen Männern, zu einer Hochadelichen Präbende verhelfen konnten (ff); was hätte man sich von diesen noch so schön vorgetragenen und noch so hartnäckig vertheidigten Grundsätzen versprechen sollen? (Kap. II.) Aber die Meynung von dem Adel der Doctoren täuschte den ritterbürtigen Domherrn eben so, wie das übrige Publikum. Adel war, wie noch heut zu Tage bey den Meisten, ein Begriff, welcher dunkel in der Seele lag: genug, wenn die allgemeine Volksstimme Jemanden den Adel beylegte; ob er seinen Grund in der Geburt hatte, oder anderswo, darum bekümmerten sich die wenigsten. Wenn also gleich Observanz oder ausdrückliche Statuten den Unadel von den Präbenden ausschlossen; so konnte man dennoch kein Bedenken tragen, die Doctoren in die Capitel aufzunehmen, denn sie waren einmal adelich; und dies war genug.

Jedes Capitel, das bisher entweder durch bloße Observanz, oder durch noch nicht bestätigte Statuten

---

(ff) Browerus Annales Trevir. LXVI. p. 171. J. J. Moser, Staatsrecht des Churfürstenthums Trier. S. 211.

den Unadel aus seinem Mittel verdrängt hatte, machte nun entweder Statute, oder ließ sich dieselbe vom römischen Pabste bestättigen. Diese Bestättigung erlangten sie um so eher, da sie selten der Doctoren der Rechte, der Theologie, und was freylich manchen befremden könnte, der sogenannten Meister in der Arzneykunst (magistrorum medicinæ) vergaßen (gg). Die Capitel glaubten hiedurch ihrer Constitution von dem ausschließlichen Rechte des Adels nicht das mindeste zu vergeben, und der römische Pabst bestättigte gerne die Statute, in welchen man seiner Lieblingsidee, welche er bisher mit aller Macht nicht durchzusetzen im Stande war, beyzutretten schien. Die römischen Bestättigungsbullen wurden von Pabste zu Pabste ausgefertiget, und die teutschen Stifter, stolz auf so mächtige Stützen, glaubten sich für ewige Zeiten sicher in dem Besitze eines Rechtes, das sie im Grunde nicht hatten. Es erhellt dies bis zur Evidenz, wenn man die dem Pabste vorgelegten Statute liest, und die Bestättigungsbriefe mit denselben vergleichet. Die meisten Statute waren vor der Entstehung des Doctorats in Teutschland gemacht; die Gründe also, wel-

---

(gg) Von Meissen, Merseburg und Naumburg befindet eine Urkunde von 1496 in Cramer. Tract. de Nobilit. append. Num. XV.

wegen die Capitel dem Adel allein ein Recht auf die Präbenden ertheilten, paßten allein auf den Geburtsadel. Itzt war man so wenig über den Adel der Doctoren zweifelhaft, daß man die nämlichen Gründe in den Statuten anführte, und dennoch aus denselben die Schlußfolge auf die ausschließliche Annahme der Adel= oder Ritterbürtigen von beyden Aeltern und der Doctoren zog. Die Sicherstellung der Kirchengüter, welche man am besten durch den Kunstgriff zu bewerkstelligen glaubte, wenn man das Interesse des Adels und der Capitel miteinander vereinigte, war ehedem einer der vorzüglichsten Gründe, welchen wenigstens die Capitel öffentlich angaben — ein Grund, welchem selbst ein Bonifaz VIII. seinen heitigen Beyfall nicht versagen konnte. Und eben diesen Grund schrieb man nur aus den alten Urkunden ab, und gebrauchte ihn auch für die Aufnahme der Doctoren. — In andern Stiftern, wo man sich vielleicht etwas klüger mochte gedünkt haben, schien man doch eingesehen zu haben, daß, wenn man bey diesem Grundsatze allein würde stehen bleiben, offenbar mehr in der Schlußfolge läge, als in den Prämissen enthalten wäre. Mancher schlaue und hochgelehrte Herr Doctor, welcher in einer langen Reihe von nachfolgenden academischen Rittern vielleicht eben soviel

Stolz und Wohlgefallen suchte, als der hochedle Herr oder Ritter, mochte wohl die schwache Seite dieses Grundes gefühlt haben. Was war ihm aber bey seiner Gelehrsamkeit leichter, als einen andern Grund zu substituiren?

Die römische Miliz in der Toga und Saga gab sogleich einen Eintheilungsgrund für teutsche Ritterschaft her, und die fast durchgehends herrschende Gleichheit für beyde Arten von Miliz, wenn es auf Rechte und Privilegien ankam, machte den Schluß sehr natürlich: Also sind auch beyde Arten der teutschen Ritterschaft in Hinsicht ihrer Rechte ganz gleich. So wie man also die Herren und Ritter in die Capitel aufnahm, um die Güter und Rechte der Kirche gegen die gewaltthätigen Eingriffe Andrer zu sichern, so sind die hochgelehrten Doctores und Magistri eben so nothwendige Personen in den Stiftern, um dieselben gegen die geistlichen Waffen und Angriffe in Sicherheit zu setzen. Auf solche Weise erhielt das Raisonnement mehr Festigkeit, und machte die Schlußfolge für die Doctores, nach den damaligen Begriffen, unumstößlich.

Was aber die Behauptung, daß die Doctoren unter der Firma des Adels in die Capitel kamen, noch zuverläßiger macht, ist folgendes: Schon etwas später, nämlich zu Ausgange des funfzehnten Jahrhunderts machen, oder erneuern die Domherrn zu Minden ein Statut, daß die mit einer größern Präbende versehenen und emancipirten Domherren, von dem Aeltesten abwärts bis zu den Jüngsten zwar die erledigten Präbenden zu vergeben befugt, jedoch nur immer einen solchen zu ernennen verbunden seyn sollten, der von ehrlicher Geburt und von beyden Aeltern aus hochedlem, oder ritterlichem Geblüte entsprossen wäre. In diesen Formalien legten die Domherren zu Minden ihr Statut dem damaligen Pabste Gregor zur Bestättigung vor. Der Pabst fand kein Bedenken, das Statut zu bestättigen, und setzte fest, daß ins künftige keiner mehr zu einer Präbende gelangen sollte; der nicht **Magister der Theologie**, oder der **Arzneykunst**, oder **Doctor der Rechte**, oder von edlem oder ritterlichen Geschlechte entsprossen wäre (hh). Dieses seltsame Benehmen des Pabstes, seine Bereitwilligkeit das Statut zu bestättigen, in welchem von den Doctoren keine Meldung geschieht, und dennoch die nachher ohne Erweiterung oder Veränderung des Statutes erfolgte Zusammenstellung der Doctoren und des Adels wirft selbst auf die ältern Zeiten ein aufklärendes Licht zurücke; — Wenn selbst der Pabst, dem

---

(hh) Würdtwein subsidia diplomat. T. X. p. 278.

doch nichts geläufiger zu seyn pflegte, als Caßation und Annullirung der Statute, welche seinem Sinne nicht gemäs waren, ohne irgend hievon eine Miene zu machen, in der Bestättigung eines Statutes, das vom bloßen Adel redet, das Doctorat und den Adel in eine Categorie stellt; so mußte nothwendig in dieser Zeit die Meynung von dem Adel der Doctoren noch gäng und gebe gewesen seyn. Wenn man aber im funfzehnten Jahrhunderte, wo sich bereits schon einige wichtige Vorurtheile gegen die Doctoren hervorgethan hatten, um deßwillen denselben ein Recht auf Präbenden der Domstifter einräumte, weil man sie unter dem Namen Adel mitverstand: so läßt sich begreifen, daß man in früheren Zeiten das Recht der Doctoren aus der nämlichen Quelle herleitete.

So feyerlich unterdessen die Statute über das ausschließliche Recht des Adels und der Doctoren von den Päbsten bestättiget waren, so fiel es dennoch manchem Pabste ein, gegen seine feyerlichsten Zusicherungen den Capiteln Leute aufzudringen, welche weder den Adel, noch eine academische Würde zum Behufe ihrer Ansprüche aufzeigen konnten. Hiegegen führten denn die Capitel laute Klagen. Aus diesen Klagen und Widersprüchen ergiebt sich wieder ein neuer Beweis, daß sich das Doctorat allein unter dem Namen des Adels in den Capiteln erhielt.

Nicht gegen die Doctoren waren die Klagen und Widersprüche gerichtet, sondern gegen den Unadel im Gegensatze des Adels und des Doctorats. Nur dieses wollte man aus den Capiteln entfernt wissen. Hiemit waren auch wohl manchmal die Päbste und Kaiser, besonders in neueren Zeiten, einig. Man hatte bereits zu Cölln durch Einziehung zweyer Präbenden, welche für die Kellermeister, ohne daß sie dafür einigen Dienst verrichteten, bestimmt waren, und durch neue Stiftung mehrere Priesterpräbenden im Capitel errichtet, und dieselben an Doctoren der Rechte und der Gottesgelehrtheit um deßwillen vergeben, daß man tüchtige Geschäftsmänner erhalte, und den damals einreissenden Ketzereyen eben so viel Ansehn, als Gelehrsamkeit entgegensetzen könne (ii). Allein, wie die Sache immer gegangen seyn mag, Friedrich III. fand für nöthig, sich bey Sixt. IV. darüber zu beklagen, daß die Priesterpräbenden an unedle, und schlechte Leute vergeben würden, und Sixt. IV. wurde bewogen, zu verordnen, daß die Priesterpräbenden nicht mehr, wie es heißt, an ignabiles, plebejos, humilesque personas, sondern an Doctoren und Licentiaten vergeben würden (kk).

(ii) Würdtwein nov. subs. dipl. T. III. p. 95.
(kk) Cramer l. c. app. num. XIV. Aegidius Gelenius de admiranda sacra & civil. ecclesæ magnitudine

Hier ist doch wohl offenbar, daß das Doctorat dem Unadel entgegengesetzt, und daher mit dem Begriffe desselben der Begriff von Adel verbunden werde. Diese Meynung war so allgemein herrschend geworden, daß selbst neuere Schriftsteller des funfzehnten und sechzehnten Jahrhunderts die Existenz der Doktoren in den Capiteln ohne Bedenken aus dem Ihnen beygelegten Adel erklären. Der scharfsinnige Frehderus verwundert sich zwar über das Sonderbare der Glosse ad l. 5. D. pro socio, in welchem die Doctoren, wie ich schon oben bemerkte, zu Baronen und zuletzt gar zu Grafen gemacht werden; indessen setzt er hinzu: „idéoque in quibusdam cathedra„libus ecclesiis aeque fere admittuntur nobiles, „& doctores." (II.) Die Domherren und Doctoren brächte man immer unter eine Kategorie, wenn man die verschiedenen Stuffen von Adel classificiren wollte. „Nach unsrer heutigen Regierungsform, sagt Doctor Michael Praun, „könnte man etwa die „adeliche Heerschilde nach folgender Gestalt einthei„len. Der Kaiser und König trägt den ersten; die „Pfaffenfürsten den andern; die Lehenfürsten den

---

L. III. Synt.I. §. 2. Materialien zur Statistik. Stück III. S. 204. Würdtwein l. c. T. III. p. 385 seq.
(II.) In notis ad Ar. p. 195.

„dritten, die Prälaten, so ganze Herrschaften, doch
„kein Fürstenthum besitzen, den vierten, die Grafen
„und Freyherrn den fünften, die Canonici und
„*Doctores* den sechsten, der Layenadel den sieben
„den (mm);" woraus, wie mich dünkt, gefolgert
werden kann, daß man das Doctorat nicht nur zu
dem Adel gerechnet, sondern auch dasselbe in den
Stiftern als Adel angesehen habe.

Allein nicht nur Schriftsteller älterer und neuerer
Zeiten bestättigen diese Meynung, sondern sie scheint
auch selbst von unserer Gesetzgebung angenommen
worden zu seyn. Zu Ende des funfzehnten Jahrhunderts wurde bekanntlich das Cammergericht
errichtet. In welchem Ansehn damals die Doctores
ständen, ergiebt sich aus der Erzählung von Johannes Rohrbach: „am dritten November
„1495," sagt dieser Schriftsteller, „bestieg der edle
„Herr Graf von Zoller den Hof, und wies den
„Doctoren zur Rechten, den Herren und Rittern
„aber zur linken den Platz an (nn)." In der
C. G. O. von 1500 Tit. von dem Beysitzersold,
und dem Reichsabschiede von 1507 §. 15. haben die

(mm) Th. III. des adelichen Europa K. 11. §. 464 S. 375.
(nn) Senckenberg diss. de hist. & jurisdictione aug. camer.
    judicii p. 8.

redlichen, verständigen und gelehrten Doctoren, oder Licentiaten der Rechte, wiederum die Ehre, zuerst von den Gesetzgebern genennt zu werden. Diese Ehre wiederfuhr den Doctoren nicht etwa aus einem Zufalle oder weil es die Concipienten dieser Verordnungen für gut hielten, die Doctores zuerst zu setzen. Es war vielmehr dieselbe so innig mit dem ganzen Geiste der Gesetzgebung verwebt, daß sie selbst damit einen gewissen Vorzug verband, wer Doctores, oder wer Beysitzer aus dem Ritterstande zu präsentiren habe. So hatten die drey ersten Kreise Doctoren, die drey letzten aber Ritter zu präsentiren; die Präsentati des Kaisers als Kaiser, sollten Doctoren, die Präsentati aber von wegen seiner Erblande aus dem Ritterstande seyn. Eben dieser Unterschied wurde in Rücksicht der drey ersten und der übrigen Churfürsten beobachtet. Nirgendwo zeigte aber die Gesetzgebung Teutschlands ihre Meynung das Doctorat und den Adel gleich zu stellen, deutlicher, als in den Reichskleiderordnungen. Es ist bekannt, daß durch den R. Abschied von 1500 Tit. 27. dem Unadel verboten wurde, Perlen oder Gold in ihren Hemdern und Brusttüchern zu tragen. Aber denen vom Adel, den Rittern und Doctoren wird zwey Unzen Silber in ihren Hauben zu tragen erlaubt. Der Luxus steigt und die Gesetzgebung Teutschlands wird nachgiebiger und milder. Dreyſig Jahre waren kaum verfloſſen; ſo trägt der Adel mit Bewilligung des Reiches „güldne Ring' und Haarhauben, auch „Ketten, die nicht über zweyhundert Gulden werth „ſind." Nur das wollte man von der alten nun auſſer Mode gekommenen Simplicität beybehalten, daß man ſie mit Schnürchen umwand. Der Reichstag, welcher den Geſchmack des Adels ſo gut zu brdnen verſtand, ſorgte auch für die Doctoren und die Weiber derſelben, und erlaubte ihnen, Geſchmuck, Ketten und goldene Ringe zu tragen (oo). Dieſe Gleichſtellung erregte indeſſen eine Gährung unter dem Adel. Vermuthlich konnte es die hochadeliche Dame nicht mit gleichgültigen Augen anſehen, daß die ehrſame Frau Doctorin in dem nämlichen Geſchmücke figuriren ſollte, wie ſie. Ein Weib, deſſen Ehrgeiz beleidiget iſt, vermag alles. Wie uns die Chronik ſagt, war das Schickſal der Männer ſchon damals, zu gehorchen, und ſiehe! da traten die armen Männer mit einer Bittſchrift gegen die Doctoren auf, und klagten den Churfürſten ihre Noth. Allein wenn je ein merkwürdiges Belege zu dem Anſehn, und dem vermehnten Adel der Doctoren in der Geſchichte liegt, ſo iſt es gewiß die Gegenſchrift,

---

(oo) R. A. v. 1500. Tit. 15.

F

womit die Doctoren des Adels Klage beantworteten.
„Sie hätten nicht nöthig," sagen sie, „schon an und
„für sich von den römischen Kaisern mit Stand und
„Würde begabt, fremde Federn, wie der Aesopische
„Rabe, zu sammeln, oder mit den Stralen anderer
„zu glänzen. — — Sie regierten die Provinzen,
„sie seyen die Räthe, ja das Herz der Kaiser. — Nie
„sey es ihnen beygefallen, sich an den Stand der
„Ritter anzuschließen, da der ihrige schon für sich
„Ansehen genug habe, und den Adel, wenn nicht
„tiefer unter seiner Würde zurücklasse, dennoch nie
„über sich erkennen werde. — Es sey ja ein ganzes
„Heer von Doctoren nicht nur auf Academien ange=
„stellt, sondern auch bey der kaiserlichen Cammer und
„andern Gerichten; Ja selbst in den hohen Erz=
„und Domstiftern und andern ansehnlichen Kirchen
„genößen sie mit eben demselben Rechte, wie der
„Adel, die Ehre Domherren zu seyn. — — Sie
„könnten sich also nicht genug über die Unverschämt=
„heit des Adels verwundern, der so weise und erfahrne
„Fürsten mit derley lächerlichen und auszischenswür=
„digen Betrügereyen habe hintergehen wollen (pp)."
Diese Fehde hatte unterdessen keine andere Wirkung,

(p) Itt nis de honoribus, s. gradibus academicis
p. 451—458.

als daß sie der Nachwelt die damals herrschenden Gesinnungen des Adels und der Doctoren schilderte: denn die Fürsten fanden nicht für gut, die Polizeyordnung zu ändern (qq).

So erhielt sich die Meynung von dem Adel der Doctoren bis in die späteste Zeiten. Ich könnte meine Leser noch mit einer Menge Belegen, selbst aus dem sechzehnten, siebenzehnten und achtzehnten Jahrhunderte unterhalten. Denn freylich war der Wahn, vom Adel zu seyn, für einen großen Theil der Doctoren zu schön, und schmeichelte zu sehr ihrer Eigenliebe, als daß sie ihn nicht mit all' ihrer Gelehrsamkeit zu unterstützen gesucht hätten. Weiter unten werde ich noch einige Proben vorlegen, wenn ich die letzten Zuckungen schildern werde, welche man bey dem sterbenden Ansehn des Doctorats bemerkt hat.

Hier erlaube man mir noch einige Betrachtungen über die Revolution, welche durch das Doctorat in den Capiteln bewirkt worden ist, anzustellen. Wenn ich behauptete, daß das Doctorat unter der Masque des Adels sich in den Capiteln festgesetzt habe, so bin ich weit entfernt zu glauben, daß es um deßwillen demselben von jeher an einem recht-

---

(qq) Klockius tract. de contribut. cap. 15. p. 353. seq.

mäßigen Titel auf die Präbenden hoher Erz- und
Domstifter gefehlt habe. Der vermeynte Adel der
Doctoren bahnte denselben nur den Weg zu den
Stiftern, und räumte nur die Hindernisse, welche
ihnen die herrschende Meynung, daß jeder Domherr
vom Adel seyn müsse, hätte machen können, hinweg.
Uebrigens halte ich ihre Existenz in den Stiftern
für eben so gesetzmäßig, als die Existenz des Adels.
Wenn der Doctor oder Licentiat das Glück hatte,
von dem Pabste, dem Bischoffe, dem Capitel, oder
irgend einem einzelnen Domherrn mit einer Präbende versehen zu werden, so hatte er nicht nöthig,
sich zum Beweise seiner Fähigkeit, ein Domherr zu
werden, auf seinen Adel, sondern einzig und allein
auf die bestehenden Statute zu berufen. In den
meisten Stiftern Teutschlands hatten die Doctoren
Statute zu ihrem Vortheile bewirkt. Wenn man
den Capiteln das Recht nicht absprechen kann, durch
collegialische Einwilligung sich über Dinge zu vereinigen, welche das Innere der Capitel angehen, so
konnten sie sich auch verbinden, einen gesetzmäßig
zum Domherrn genannten Doctor und Magister
aufzunehmen. Zuerst ward in den meisten Stiftern, wie ich (Kap. II.) gezeigt habe, der in den
Stiftungsurkunden unbestimmt gelassene Punct von
den Eigenschaften der aufzunehmenden Domherrn

vermöge des den Capiteln zukommenden Bestimmungsrechts zum ausschließlichen Vortheile des Adels entschieden, und gegen alle Widersprüche in manchen Fällen durchgesetzt. Eben dasselbe Collegium, das schon einmal das Bestimmungsrecht ausgeübt hatte, konnte ändern, umschaffen, aufheben, und folglich auch sein Statut zum Vortheile des Doctorats erweitern. Es geschah; und nenne man es Behutsamkeit oder Ehrfurcht für den päbstlichen Stuhl, man ließ sich die gemachten Statute von Rom aus bestättigen. Hatte also ein Doctor oder Magister zu Passau, zu Speyer, zu Eichstätt, Costanz, Chur, Augsburg, Regensburg, Freysingen u. s. f. oder in den Ober- und Niedersächsischen Stiftern eine Pfründe erhalten, so konnte er der Aufnahme wegen um so gewisser seyn, je mehr ihn die Statute dieser Stifter selbst zu solchen Ansprüchen berechtigten. Denkt man übrigens über den Nutzen nach, welcher der ganzen Kirche sowohl, als einzelnen Stiftern durch diese Revolution erwachsen ist, so kann man freylich nicht läugnen, daß mancher wackre Bischof, Probst oder Dechant aus den Doctoren gewählt worden sey. Der Erzbischof Peter der Aichspalter zu Mainz, und Norbert von Magdeburg, Johann Wilefius von Salzburg, und Balthasar Mercklin von Hildesheim, waren in der That große und unsterbliche Männer, der einzelnen Pröbste und Dechanten nicht zu gedenken. Allein man würde dennoch ungerecht seyn, wenn man behaupten wollte, daß die Doctoren allein eine ansehnliche Rolle als Kirchenprälaten gespielt hätten. So gewiß das Resultat eines zu ziehenden Calculs zum Vortheile des Adels ausschlagen würde, da offenbar die Anzahl berühmter und verdienstvoller Bischöffe aus dem Adel größer war, als die Anzahl großer Bischöffe aus dem Unadel; so gerne bescheide ich mich, daß man nicht Summe gegen Summe setzen dürfe, um ein richtiges Verhältniß zur Schätzung der Verdienste des Adels und Unadels zu Stande zu bringen: denn freylich muß man immer die fast durchgehends unverhältnißmäßige kleine Anzahl der Doctoren in den Capiteln mit in Anschlag bringen. Allein wenn uns die Geschichte zeigt, daß auch zu einer Zeit, wo das Doctorat die schönste Periode seines Ruhmes erlebt hatte, dennoch aus dem Adel große und ruhmvolle Prälaten hervorgiengen, welche, ob sie gleich Gratians Distinctionen und Gregors Decretalen nicht so genau im Kopfe hatten, oder die Kunst nicht verstanden, durch den Zauber der Dialektik den schlichten Menschenverstand irre zu führen, sich dennoch durch ächte Regententugenden sowohl, als wahre bischöfliche Würde nicht minder auszeichneten: so glaube ich, ist das Vorurtheil widerlegt, als hätte das Doctorat in den Erz- und Hochstiftern soviel zum Glanze der Kirche, und zum Wohlstand der Staaten beygetragen, als der Adel nie gethan hätte.

Zweytes Kapitel.
Das Doctorat verliert sein Ansehen und seine Rechte in den meisten Stiftern.

Die Scene veränderte sich allmählig. So zusammenhängend das Lehrgebäude war, auf welches das Doctorat seine Vorzüge gründete, so scheint es dennoch nicht in allen Stiftern Eingang gefunden zu haben. Es gab auch hier, wie in so vielen Systemen aus den mittleren Zeiten, Anomalien. Es war das Jahr 1326 — da empfahlen die Domherrn zu Mainz ihrem Dechant und zweyen Andern aus ihren Brüdern die Aufsicht über ihre Statute, daß sich ja Niemand in ihr Mittel einschleichen möchte, der nicht von beyden Aeltern ritterlicher Herkunft wäre, wie dies, so sagen die Herren, weitläufiger in ihren Statuten enthalten wäre (a). Diese Verordnung begünstigte den Adel

---

(a) Gudenus codex diplomat. T. I. p. 605. 606.

allein. Keine Aufhebung oder Erweiterung der=
ſelben zum Vortheile des Doctorats erfolgte jemals,
ſo raſch der Reformationsgang in andern Stiftern
war. Aber wie? Maynz, das Peter den Aich=
ſpalter auf den erzbiſchöflichen Stuhl und den
Mayländer Johann Jacob Sclafenatus zur
Würde eines Domprobſten erhob, ſollte dem Unadel
den Zutritt in das Capitel verweigert haben? Das
ſagte ich nie: Selbſt die Domherren zu Maynz
geben in einer Urkunde vom Jahre 1500 den rich=
tigſten Aufſchluß (b). Nachdem ſie ſich auf ihr
uraltes Statut, das theils von dem römiſchen
Stuhle, theils von den Erzbiſchöffen beſtättiget
worden wäre, berufen hatten, klagen ſie über die
Verletzung deſſelben zum Vortheile des Doctorats,
„da doch," ſetzen ſie hinzu, „vormals nie, oder doch
„ſelten demſelben derogirt worden wäre." Alſo
derogirt wurde doch dem Statute zuweilen? Wohl:
das läugnete ich nie, und wie könnte ich dies? Aber
meine Behauptung, daß das Mannziſch= Statut
zum Vortheile des Doctorats nie aufgehoben, oder
erweitert wurde, iſt um deßwillen nicht umgeſtoſſen.
Sey es, daß ein Mann, der, wenn gleich von
niedrigen Aeltern gebürtig, dennoch durch ſeine

(b) Würdtwein ſubſid. diplom. T. IV. p. 168 ſeq.

Geschäftsklugheit, durch seine feine Sitten, durch seine Beredsamkeit sich zum Lieblinge des Pabstes erschwang, und, nachdem er Bischof zu Parma geworden war, selbst der Cardinalswürde fähig erachtet wurde, Dompröbst zu Maynz gewesen (c), oder daß der Erretter des Pabsts, der Arzt Aichspalter Erzbischof geworden sey! Ich räume es ein, daß noch Mehrere aus dem Unadel Präbenden zu Mahnz besaßen. Aber wozu soll dies alles nützen, als etwa eine Ausnahme, welche man von dem Statute machte, zu erweisen? Man pflegte selten eine Ausnahme zu machen; — Aber man machte sie dennoch; Sie schadete aber dem Statute so wenig, als irgend eine andre Ausnahme der Regel."

Diese Geschichte der Mayntzischen Statute scheint die Geschichte mehrerer Stifter zu seyn. Wenigstens ist es gewiß, daß zu Anfang des funfzehnten Jahrhunderts viele Stifter bereits keine Statute mehr zum Vortheile des Doctorats gehabt haben. Allein, wo sie noch nicht waren, da sollten sie erst gemacht, wo sie durch neuere aufgehoben wurden, da sollten sie wieder hergestellt werden. Nirgendwo sollte eine Gewohnheit, so alt sie auch seyn möchte, nirgendwo sollte ein Statut, so feyerlich es auch vom päbst-

---

(c) Joannis Rer. Mogunt. T. II. p. 388.

lichen Stuhle bestättiget wäre, zum ausschließenden Vortheile des Adels gelten. So wollten's die versammelten Väter zu Costanz (d). Die versammelten Väter zu Costanz redeten aber im Allgemeinen von Bisthümern, Kirchenwürden, Präbenden und dem Mönchthume. Und die hohen Erz- und Domcapitel Teutschlands, welche bereits in dem Besitze des Rechtes waren, allen Unadel von ihren Präbenden auszuschließen, fanden für gut zu glauben, daß durch diese allgemeine Verordnung der heiligen Synode ihre besondere Verordnungen und Gewohnheiten nicht aufgehoben worden seyen. In der That ein Glaube, welcher der Logik der hohen Erz- und Domcapitel damaliger Zeiten keine Unehre machte! Indeß die Meynung der Väter zu Costanz mochte gewesen seyn, wie sie wollte: die Stifter Teutschlands kehrten sich wenig daran. Der Kirchenrath zu Basel spannte daher schon gelindere Saiten auf (e), und die Concordaten der teutschen Nation mit Martin V. verordneten weiter nichts, als daß in allen Erz- und Domcapiteln der sechste Theil der Präbenden an die Doctoren, worunter selbst jene der Medicin begriffen waren, vergeben wur-

---

(d) Apud van der Hardt T. I. p 637.
(e) Sess. V. cap. I. de reform.

den (f). Für die Statute zum ausschließenden Vortheile des Adels erhielt die Verordnung eine besondere Modification. Die ehrwürdigen Statute und Observanzen der Stifter sollten nicht mit Einem Federzuge aufgehoben werden, sondern noch fernerhin ungekränkt bestehen. Nur sollten diejenigen Grafen, Herren und Ritter, welche zugleich eine academische Würde hätten, den übrigen Nichtdoctoren vorgezogen werden (g.). In der That eine Verordnung, welche den Rechten der Stifter auf einer Seite nichts entzog, da sie auf der andern Seite allein zum Vortheile des Doctorats gemacht zu seyn schien. Konnte man aus dem Adel Doctoren haben; — je nun, so nahm man dieselbe um so lieber auf, je mehr man hiemit gegen den Unadel, der bisher ein Monopol mit dem Doctorat getrieben hatte, gewann; hatte man aber keine, so war man hinlänglich gedeckt. Wo Adel allein, und graduirter Adel wegen Mangel des letztern nicht zusammentraf, da konnte es keine Wahl, keinen Vorzug geben.

(f) v. J. 1417.
(g) Ubi autem soli consueverunt illustres de comitum vel baronum genere vel in utroque genere militares in canonicatibus admitti; taliter graduati, qui acceptare voluerint, *si taliter nobiles ut præmittitur, fuerint,* in ecclesiis ceteris etiam nobilibus saltem usque ad dictum numerum præferantur.

Diese Anordnung konnte indeß dem päbstlichen Hofe keinesweges behagen, da das Doctorat bey weitem die Vortheile nicht erhalten hatte, welche man sich hätte versprechen sollen. Die Statute zum ausschließenden Rechte des Adels waren anerkannt, und die übrigen Stifter, welche den Zutritt in die Capitel dem Doctorat durch eigene Statute versichert hatten, waren lüstern gemacht, ihre ältern Rechte wieder hervor zu suchen. Kaum waren also von Abfassung der gedachten Concordaten fünf Jahre verflossen, so fand derselbe für gut, seine Gesinnungen zu ändern, und folglich den so feyerlich eingegangenen Vertrag zu brechen. Denn siehe, Er gab seinem Legaten, dem Cardinal Brande den Auftrag, die Statuten und Gewohnheiten der Erz- und hohen Domcapitel zu untersuchen, und wenn er einige finden sollte, welche zum ausschließenden Vortheile des Adels abgefaßt wären, dieselben abzuwürdigen, sie möchten auch mit einem Eide, oder sonst irgend von geistlicher, oder weltlicher Macht bestättiget seyn (h). Es wollte der Pabst dergleichen Statute und Gewohnheiten für nichts anders ansehn, als Mißbräuche; und Miß-

---

(h) J. P. de Ludewig Reliquiæ Manuscript. omnis ævi diplom. T. XI. p. 412.

bräuche abzustellen, dazu glaubte er sich von Amts: wegen berufen. Allein so hoch gespannt diese For: derung auch war, so konnte sie doch weder der Pabst, noch sein Legat dergestalt durchsetzen, daß man zum Vortheile des Doctorats die einmal hergebrachten Statute aufhob. Alles, was der römische Hof in dieser Rücksicht durchzusetzen im Stande war, war weiter nichts, als daß derselbe einige Lieblinge vom Unadel mit Präbenden zu versehen das Glück hatte. Man sah dies von Seiten der Capitel für nichts anders an, als für Ausnahmen, welche man aus besonderer Hochachtung für den heiligen Stuhl zu Rom, ohne seinen Rechten irgend etwas zu verge: ben, machen zu können glaubte.

Indessen fiengen doch die Anmassungen des päbstlichen Hofes an, lästig zu werden, denn es gab der Leute zuviel, welche der Pabst versorgen wollte, und man konnte voraussehen, daß die Nach: giebigkeit von Seiten der Capitel zuletzt die alten Statute und Gewohnheiten, welche den Adel allein begünstigten, zu einem bloßen Stücke des Alter: thums machen würde. Hiezu kam, daß, wenn man auch diese päbstlichen Creaturen nicht in das Capitel aufnehmen, und ihnen Statute und Obser: vanz entgegensetzen wollte, der Adel diesen habsüch: tigen Leuten, um nur in keine Processe verwickelt zu werden, die Präbenden ablaufen, oder sich zu einer jährlichen Abgabe verstehen mußte. Schon auf dem Reichstage zu Coblenz vom Jahre 1479 führte man also laute Klagen, daß der päbstliche Hof mit Hintansetzung der Statute und Gewohnheiten nicht nur Leute vom Unadel, sondern selbst uneheliche Kinder mit Präbenden versehe (i). Die Klagen wurden immer stärker und anhaltender, und auf dem Reichstage zu Nürnberg vom Jahre 1522 schilderte man mit eben so männlicher als treffender Beredsamkeit diesen päbstlichen Unfug. Ungelehrten Hofschranzen aus dem Unadel, sagte man, werde der Zutritt in die Capitel eröffnet, und dem teutschen Adel die ihm allein zustehenden Pfründen unrechtmäßiger Weise entzogen. Ja man sehe dieselbe wie Leibrenten, oder wie eine Waare an, welche man gegen ein ansehnliches Kaufgeld verdußern könnte (k). Dies Betragen von Seiten derjenigen Capitel, welche ihre alten Statute unverändert erhalten hatten, entzog also dem Pabste das Vergnügen, sich gegen die Capitel mit einem unwidersprochenen Besitze zu brüsten: denn eines Theils sprach man von den einzelnen gegenseitigen Fällen, nur wie von Aus-

---

(i) Leibniz. Part. I. Cod. Jur. Gent. diplom. p. 439.

(k) Schilter Lib. VII. de libertate ecclef. Germ. p. 413.

nahmen, andern Theils aber führte man zuletzt auch gegen die Vervielfältigung derselben seine Klagen.

Unterdessen aber, da man sich in einigen Capiteln muthig gegen das Eindringen des Unadels setzte, da man ihre zum ausschließenden Vortheile des Adels gemachten Statute gewissermassen öffentlich anerkannte, und es wagte, gegen die Verletzungen derselben laute Klagen zu führen, schien das Doctorat in andern Capiteln durch die zu seinem Vortheile bestehenden Statute hinlänglich gedeckt. Allein auch in den meisten derselben reifte eine Revolution gegen das Doctorat. Der Adel, unter dessen Schilde ehemals die Doctoren und Magistri so willkommen in den Capiteln waren, fieng an verdächtig zu werden. Man vergaß allmählig die stoischen Begriffe vom Adel, und pflegte sich bey dem Begriffe desselben einige Ahnen zu denken. Der Doctor mochte nun zwar sehr gelehrt seyn, aber er hatte keine Ahnen, folglich trug man schon Bedenken, ihn dem Adel beyzuzählen. Ehemals war es genug, von ritterlicher Abkunft zu seyn; Hiebey verstand sich aber von selbst, daß gegen diese Abkunft sowohl von väterlicher, als mütterlicher Seite keine Einwendung gemacht werden durfte, denn Ungleichheit der Ehen war von jeher den Teutschen ein Greuel. Aber diesen Vorzug, von Vater und

Mutter aus edel, oder ritterbürtig zu seyn, mochte leicht die seltene und ungeheure Gelehrsamkeit, welche man den Doctoren zutraute, aufwiegen. Hiezu kam, daß es noch nicht Sitte war, eine ordentliche Ahnenprobe zu führen; wenn man gleich ausdrücklich in einigen Capiteln sich die ritterliche Herkunft von väter- und mütterlicher Seite aus: bedungen hatte. In andern Stiftern machte man nur gerade zu des Adel- oder Ritterstandes Erwäh: nung. Nun ist es aber aus der Geschichte des Ritterwesens bekannt, daß sich ein freygebohrner Teutsche durch kriegerische Verdienste bis zum Range eines Ritters schwingen konnte. Die Verdienste im Kriege aber, und jene, welche man sich durch Gelehrsamkeit erwarb, pflegte man so ziemlich nach einerley Maaßstabe zu beurtheilen, zumahl, da diese Gleichstellung durch Einführung des römischen Rechts, und die Erklärungen der Rechtsausleger so sehr begünstiget wurde. (II. Abtheil. Kap. I.) Allein theils reizten die bereits in andern Stiftern gemäch: ten Statute ihre Mitschwestern zur Nachahmung, theils fiel man von selbst darauf, die schon vorhan: denen Statute über die Aufnahme des Adels etwas näher zu bestimmen. Man forderte also von den Adelichen Candidaten nicht mehr den bloßen Beweis der Ritterwürde, sondern es wurde durchgängige

Sitte, zuerst zwey, und hiernächst vier Ahnen zu beweisen. Estor will zwar den Ursprung einer Ahnenprobe von vier Ahnen erst in dem sechzehnten Jahrhunderte finden, und beruft sich zu diesem Ende auf Fulda, Worms, Wirzburg, Bamberg (1) u. d. g. Allein es ist demohngeachtet ausgemacht, daß schon in der zweyten Hälfte des funfzehnten Jahrhunderts dieselbe hergebracht gewesen sey. In einer Urkunde von 1463 heißt es von einem gewissen Hanns Arnolt Rich von Richenstein, daß, „ee er zu seinlicher Pfründe, oder einem Warter „uffgenommen mag werden, Besatzung, und Whsung „je tund schuldig ist, daß er von sinen vier Aenen von „ritterlichem edlen Geschlechte geboren, und Har= „kommen sy (m)." Man foderte also schon in dieser Zeit den Beweis von vier Ahnen in dem Stifte zu Basel, denn hier wollte Rich von Richenstein Domherr werden. Dieser Sitte blieb man auch in den folgenden Zeiten getreu, denn zu Anfang des sechzehnten Jahrhunderts, es war das Jahr 1507, mußte ein gewisser Gilger von Homburg die nämliche Probe aushalten. Ja man schien es schon gerne gesehen zu haben, daß

---

(1) Differt. de prob. nob. avita p. 48.
(m) Würdtwein subf. T. IV. p. 165 feq.

der Candidat mit einer größern Reihe von Ahnen aufträte, da man in dem angezogenen Falle zum mindesten den Beweis von vier Ahnen verlangte (n). Uebrigens mags mir dahier, wo ich keine Untersuchung über die Ahnenproben selbst anzustellen habe, gleich gelten, wie man die Ahnen erwies; — Es mag seyn, daß Uriel von Gemmingen 1509 eine äußerst schwankende Ahnenprobe lieferte, und sogar seiner Ahnen Vornamen vergaß (o): Soviel ist dennoch gewiß, daß man schon im fünfzehnten Jahrhunderte den Beweis von vier Ahnen kannte, und foderte.

Es ist aber begreiflich, daß es bey diesem Ahnenbeweise den Doctoren sehr übel gehen mußte. Nebst dem, daß man damals die Vereinigung eines Unterrockes, und einer Doctorsepomis für eine Chimäre hielt, war es wohl nicht leicht zu erwarten, daß man eine an Doctoren so fruchtbare Ascendenz haben sollte, wenn man auch den einzelnen Doctor und Ritter in der Würde für gleich halten wollte. Da man also anfieng, zwischen Adel und Adel zu unterscheiden, und nur den vierahnichten Adel für fähig hielt, Präbenden in den Domstiftern zu erlangen,

---

(n) Ebend. l. c. p. 163.
(o) Ioan. T. I. rer. mog. p. 838.

so mußte selbst die Meynung von dem Doctorsadel zum Behufe der Doctoren nicht viel mehr frommen. Wer von dem Pabste selbst eine Provision erhielt, glaubte sich schon lange nicht mehr der Pfründe um deswillen gewiß, weil er eine päbstliche Urkunde aufzuzeigen im Stande war, sondern berief sich nebst diesem auf seine Abstammung. Wilhelm, Herzog von Jülich, empfahl schon am Ende des vierzehnten Jahrhunderts einen Rutger von Gynhoven dem Capitel zu Maynz, und führte unter seinen Gründen nebst der päbstlichen Provision und des Candidaten guten Sitten vorzüglich auch diesen an, daß in seiner Genealogie kein Hinderniß vorhanden wäre (p). Von Seiten des päbstlichen Hofes bemerkte man bald, daß diese Verfeinerung in dem Begriffe des Adels dem Doctorate nichts weniger, als günstig sey, und suchte ganz in der Stille den Folgen entgegen zu arbeiten. Im Jahre 1498 machten die Domherren zu Minden, zum Vortheile des Adels und der Doctoren, ein Statut, setzten aber in Rücksicht des ersten ganz vorsichtig hinzu, daß die Candidaten von beyden Aeltern eines edeln oder ritterlichen Geschlechtes seyn sollten; allein Gregor fand diesen Zusatz für sehr überflüßig,

---

(p) Würdtwein T. IV. p. 143. 144.

und redete in seiner Bestättigung schlechtweg von einem edeln oder ritterlichen Geschlechte (q). Aus diesem Benehmen der päbstlichen Curie, welche sonst gewohnt war, entweder die zu bestättigenden Rechte wörtlich nach dem eingegebenen Aufsatze zu wiederholen, oder wenn ihr eine Aenderung beliebte, dieselbe so feyerlich, als möglich, und mit einem ganzen Schwarme von Clauseln in der Bestättigungsbulle zu erklären, wird es begreiflich, daß der deutlicher entwickelte Begriff vom Adel derselben nicht eben so angenehm seyn mußte. Allein man sieht in der Folge nicht, daß sie diesen Kunstgriff auch in andern Stiftern zu benutzen gesucht habe. Ob etwa die folgenden Curialisten diesen feinen Kniff übersahen, ob man denselben für unzulänglich hielt, die bereits herrschend gewordene Idee vom Adel wieder außer Curse zu bringen, oder, ob man ihn für überflüßig ansah, da demohngeachtet mehrere Stifter nach dem Beyspiele des Mindner Capitels ihre zum Vortheile des Doctorats erweiterte Statute in der Folge bestättigen ließen, läßt sich nicht bestimmen. Auffallend mußte es doch immer seyn, daß, da der edle Herr oder Ritter ohne Ahnenbeweis weder bey Turnieren eine Rolle spielen, noch einigen Anspruch auf die Erz- und

---

(q) Würdtwein SubsAd. T. X. p. 272. 278. 281.

hohen Domcapitel machen konnte, der Doctor ohne dieselbe unter dem Schutze des Doctorats allein fähig seyn sollte, sich in den Capiteln unter den Adel zu mischen, indeß man ihn nicht als einen ebenbürtigen Fechter innerhalb der Schranken der Turniere würde geduldet haben. Dieser Widerspruch, der so offenbar da lag, trug nicht wenig bey, das Doctorat selbst herunter zu setzen, und in manchem Capitel den Entschluß zur Ausschließung desselben reif zu machen.

Hiezu kamen noch viele andre, dem Ansehn des Doctorats entgegen wirkende Ereignisse. Man tref zwar schon von dem ersten Ursprunge des Doctorats Spuren einer academischen Erwerbungsart bey Ertheilung desselben an. (II. Abth. Kap. I.) Allein nur der Franzose war fähig, schon in dieser Periode auf das Extrem des Misbrauches zu verfallen. In Teutschland wurden die Klagen über den Misbrauch des Doctorats erst in spätern Zeiten rege. Aber, da das Doctorsdiplom auf Academien anfieng, zu einem wucherischen Gewerbe herabgewürdigt zu werden, und dasselbe auf Gefahr der Candidaten ertheilt wurde, da man ganze Heere academischer Ritter creirte, sank auch das Ansehn des Doctorats so tief, daß man sich desselben an Höfen schämte, und lieber alles, nur kein Doctor heißen wollte.

Im fünfzehnten Jahrhunderte zeichnete man es als ein beyspielloses Phänomen auf, daß ein gewisser Adolphus Gegener 30 Jahre lang practicirt, mit unermüdetem Fleiße das geistliche und bürgerliche Recht studiert, und mit großem Beyfalle seine Prüfung um den Doctorshut ausgestanden habe (r). Von Seiten des kaiserlichen Hofes fieng man an, die Ertheilung der Doctorswürde für eine Gnadensache anzusehen, und dieselbe auch für baares Geld feil zu biethen. — Schon Aeneas Sylvius machte diese Farcen lächerlich, und sagte es laut, daß man die Doctorsdiplome von Hofe aus um Geld verkauft habe. Bey dieser Lage der Sachen geschah es oft, daß Doctoren der Rechte, oder der Arzneykunde aus der schöpferischen Hand des Kaisers hervorgiengen, welche weder eines, noch das andre jemals studiert hatten, sondern um der Ehre willen höchstens einen Anspruch auf den Titel eines Magisters der Philosophie gemacht haben würden. Die Unwissenheit einzelner Doctoren, in denjenigen Wissenschaften, von welchen sie doch ihren Namen geführt hatten, mußte natürlich dem ganzen ehrsamen Doctorsstande ein böses Spiel machen.

Bald fühlten auch die Doctoren diese Kränkung, und suchten durch Adelsdiplome denjenigen Rang

---

(r) Diploma von 14, 75 f. bey Itterus p. 161.

unter dem Adel zu behaupten, welchen sie nicht mehr
durch ihre Doctorswürde allein behaupten zu können
glaubten. So hoch auch der Ton war, in welchem
die Doctoren noch im sechzehnten Jahrhunderte
sprachen, als man ihnen und ihren Weibern das
Recht, sich, wie der Adel zu kleiden streitig machen
wollte, und so nachdrücklich sie es sagten, daß sie
nicht nöthig hätten, sich mit fremden Federn zu
schmücken, so hatten dennoch ihre Vorfahrer durch
Handlungen lange vorher schon gegenseitige Gesin:
nungen gezeigt. Schon zu Zeiten Sigismunds
mußte es Doctores geben, welche sich um Adels:
briefe bewarben, und sich eine Ehre daraus machten,
dieselbe zu erhalten. Ein gewisser Doctor Georg
Fistellus hatte eben erst die ritterlichen Insignien
vom Kaiser Sigismund erhalten, der damals sich
zu Basel der Kirchenversammlung wegen aufhielt. —
Es galt hier einer Berathschlagung in einer wich:
tigen Sache, und die Doctoren und Ritter waren in
abgesonderten Gruppen zu seinen beyden Seiten ge:
stellt. — Da zierte sich denn der neue Ritter gar
erbärmlich, und konnte lange nicht schlüßig werden,
welche Seite er wählen sollte. Schon wankte er
auf die Seite der Ritter, als er durch einen Macht:
spruch des Kaisers von seinem ritterlichen Schwindel
geheilet wurde. „Thor", sagte der Kaiser, — „du

„ziehst den Adel den Wissenschaften vor — und doch „kann ich in einem Tage tausend Ritter machen, und „in tausend Jahren nicht einen Doctor." Diese Sprache und Lobrede des Doctorats aus dem Munde eines Kaisers hätte freylich dem Ansehen des Doctorats einen neuen Schwung geben sollen. Allein theils wurde dieselbe zu stark durch die Handlung des albernen Doctors contrastirt, theils war die witzige Lobrede des Kaisers einer Menge Auslegungen fähig. Die Natürlichste war, daß er nicht jeden, der ein Doctorsdiplom hatte, dem Ritter vorziehen, sondern nur überhaupt den Wissenschaften vor dem Adel den Vorzug einräumen wollte. Hiebey konnte der gemeine Hause der Doctoren an seiner Achtung nichts gewinnen, und der bey weitem kleinere Theil der wahrhaft Gelehrten, vermischt unter diesem gelehrten Janhagel, sah sich zu dem nämlichen Loose, das der Janhagel allein verdiente, verdammt.

Der Erfolg zeigte auch, daß Sigismunds Arzney die Narrheit der Doctoren nicht zu curiren im Stande war. In der Folge wollte dennoch wieder alles Ritter werden; — „Gelehrte", sagt Aeneas Sylvius, „die unter Büchern erzogen sind, scheuen „sich nicht, auch wenn sie einen schwächlichen „Körper, und eine furchtsame Seele haben, um

„die ritterlichen Insignien zu buhlen: Wären die „Ritter meines Sinnes, fährt er fort, so müßten „sie auch Doctores werden, denn sie verstehen von „den Gesetzen so wenig, als jene von den Waffen (s)." Nun zeigt aber die tägliche Erfahrung, daß das nöthige Gleichgewicht unter den Ständen in einem Staate sobald gestört wird, als mehrere Glieder des einen Standes sich eine vorzügliche Ehre daraus machen, in einen andern bestimmten Stand erhoben zu werden. Unsre mit Adelsbriefen so freygebige Reichskanzley, und die kindische Begierde einiger bürgerlichen, die nichtsbedeutenden drey Buchstaben mehr vor ihren Namen zu schreiben, ist offenbar eine Mitursache des Stolzes, welchen man dem alten Adel vorzuwerfen pflegt. Solche Leute bleiben doch immer eine Art von Amphibien, und man pflegt sie von Seiten des Adels sowohl, als des Bürgerstandes in Rücksicht ihrer Standsveränderung nicht anders zu betrachten, als die manche Convertiten in Rücksicht ihrer Religionsänderung; und dennoch schaden sie der bürgerlichen Achtung des Standes, aus dem sie getretten sind, ungemein. Eben so gieng es in ältern Zeiten den Doctoren:

(s) Historia rerum Friderici III. (Freiberg. Ausg.) p. 81.

Da ihre eigene ehrsame Zunftgesellen den sonst so gepriesenen Doctorsadel verkannten, und, indem sie um Rittersdiplome buhlten, hinlänglich an Tag legten, daß sie die Würde eines Ritters, auch wenn er keine Ahnen hätte, höher achteten, als jene eines Doctors, wie mußte itzt das übrige Publicum das schöne Märchen von dem Adel der Doctoren ansehen?

Hiezu kam, daß auch aus der Mitte des Adels Doctoren hervorgiengen; — Schon im dreyzehnten Jahrhunderte trifft man in dem Capitel zu Maynz einen Conrad von Reisenberg und einen Heinrich von Rudesheim an, von denen sich der erste magister parisiensis, der andre Doctor der Decrete nennt. Im vierzehnten Jahrhunderte machte sich der nachherige Bischof von Bamberg, Lupold von Bebenburg vorzüglich berühmt, und spielt noch heut zu Tage in der Litteratur des Staatsrechts keine unrühmliche Rolle. Aber im fünfzehnten Jahrhunderte bewarben sich Adeliche aus den angesehensten, zum Theile noch heut zu Tage blühenden Familien um die Doctorswürde. In dem einzigen Capitel zu Maynz waren Albert Schenck von Limburg, Philipp von Girstein, Macarius von Busek, Bernhard von Breidenbach, Fridrich Kuchenmeister von Bamberg, Hartmann, Burggraf von Kirchberg, Ewald Faulhaber von Wechtersbach, Jacob von Liebenstein Doctoren oder Licentiaten (t). Johann von Dalberg, Domherr zu Mainz Trier und Worms, war ein Mann, sagt Trithemius (u), der in allen sieben freyen Künsten bewandert war, und sogar drey Sprachen, die hebräische, griechische und lateinische verstand; — Er — die einzige Zierde der Teutschen, wurde wegen seiner ausgebreiteten Gelehrsamkeit nicht allein von seinen Landesleuten bewundert, sondern selbst von auswärtigen Nationen. — Kam ein Buch heraus, so kaufte er es mit brennender Begierde auf, und sammelte sich einen beträchtlichen Schatz von hebräischen, griechischen und lateinischen Werken in jedem Fache der Wissenschaften. Diese Erscheinung unter dem Adel hatte zwey Wirkungen. Einer Seits nahm man adeliche Doctoren in die Capitel auf, wenn doch durchaus Doctores in denselben seyn sollten. — Diese Männer vergaßen des Adels bey ihrer neuen Würde nicht, sondern begünstigten das Interesse desselben so gut,

---

(t) Diese Nachrichten sind aus Hellvichius nobilitatis ecclesiae moguntinae. Mog. 1622. — es steht auch in Ioann. rer. mog. T. II. p. 205.

(u) Chron. Hirsaug. T. II. p. 514.

wie der vielahnigte Nichtdoctor. Hiedurch geschah es, daß manchmal Capitel von unadelichen Doctoren gereiniget wurden, und folglich um so leichter Projecte zur Ausschließung des Unadels gemacht, und wenigstens in der Folge durchgesetzt werden konnten. Andrer Seits aber bin ich überzeugt, daß durch dieses Ereigniß die Doctorwürde von ihrer ursprünglichen Größe sehr viel verlor. Zwar sollte es scheinen, daß das Ansehn derselben durch die Begierde, mit welcher der Adel nach derselben strebte, gewachsen sey. Allein selbst dies würde der stärkste Beweis der herabgesunkenen Doctorswürde gewesen seyn, wenn man sich eine Ehre daraus gemacht haben würde, daß ein Mann von Ahnen sich bis zur Annehmung des Doctorhuts herabgewürdiget hätte; — Ehedem, da es entweder gar keine Doctoren aus dem Adel gab, oder wo sie wenigstens eine vorübergehende Erscheinung waren, stand das Doctorat da zwischen Adel und Unadel, und man wußte nicht, sollte man ihn dem Adel beyzählen, oder ihm gar eine Stelle über demselben anweisen. Der Adel sowohl, als der Unadel bewunderte diese ausserordentliche Würde, und indeß der erstere mit einer aus Neid und Hochachtung vermischten Empfindung dieselbe anblickte, war es für den letztern ein Triumph, aus seinem Mittel dergleichen Männer von der ersten

Größe hervorgehen zu sehn. Nun war diese Würde getheilt mit dem Adel, die Bewunderung artete in Gleichgültigkeit aus, und der Triumph war vorüber.

Als diese Bewunderung vorüber war, und man mit kaltem Blute über den Nutzen und Schaden der Doctoren nachdenken konnte, nahm die Sache eine noch schlimmere Wendung für das Doctorat: Der Adel sah, daß seine edelsten Rechte durch römische und decretalistische Grillen verhunzt, und seine Vorzüge verkannt, oder aus einem unrichtigen Gesichtspuncte betrachtet wurden. Er sah sich also genöthiget, der übergroßen Gelehrsamkeit der Doctoren statt der Bewundrung, die er ihr ehmals zollte, vielmehr zu fluchen: Sowohl in Provinzen, als auf dem Reichstage schilderte man den Doctorenunfug mit den gehäßigsten Farben, man machte Verbindungen gegen ihre falschen Orakelsprüche, und hatte nichts weniger projectirt, als das ganze Doctorat aus den Gränzen des teutschen Reiches zu verbannen. Fridrich III. schien schon gewonnen zu seyn, um das Interesse des Adels zu begünstigen. Auch er hielt dafür, daß die Rechtssprüche der Doctoren die Billigkeit verdrängten, und die Gerechtigkeit beschimpften, und wenn die Spenerische Chronik uns kein Märchen erzählt, so beschloß er wirklich auf einem Reichstage zu Maynz mit dem Exilium des Doctorats und der fremden Rechte der teutschen Nation ein Vergnügen zu machen (x). Dies wäre nun freylich etwas zu rasch gegangen gewesen: Man mochte die Unthunlichkeit des Projects eingesehen und bey Seite gelegt haben, zumahl da mächtige Gegner aufstanden und sich und ihre Wissenschaft mit vieler Beredsamkeit vertheidigten; denn Doctorat und fremdes Recht blieb noch, wie vor, auf teutschem Boden. Indessen hatten doch die Doctores ihren Credit bey dem Adel verloren, und es war nichts anders zu erwarten, als daß er diese gelehrte Vernichtiger seiner Rechte in so genauen Verbindungen mit sich selbst, als die Capitel waren, mit schiefen Augen ansehen mußte.

Nimmt man alle diese Gründe zusammen, so wird es begreiflich, wie sehr das Ansehen der Doctoren einer Seits gesunken sey, andrer Seits aber, wie sehr die Capitel gewünscht haben mochten, von diesen lästigen Gästen befreyt zu seyn. Im sechzehnten Jahrhunderte glückte es daher schon manchen Stiftern, der zum Vortheile des Doctorats bestehenden Statute ohnerachtet dasselbe zu verbannen. Man suchte die alten Gründe von der Lage der

---

(x) Goldast T. I. p. 166 seq.

Stiftsgüter in den Ländereyen und Herrschaften verschiedener Fürsten und weltlicher Herrn wieder vor, die nur allein durch den Beystand und die Macht des Adels geschützt und erhalten werden konnten. Bey den genauer bestimmten Begriffen von Adel und Unadel hatte man zwar nicht zu befürchten, daß man aus eben diesem Grunde das Doctorat in den Capiteln für nothwendig halten würde, weil man des Schutzes der Mächtigen bedürftig war; indeß glaubte man doch desselben ausdrücklich erwähnen zu müssen, um allen künftigen Misverständnissen, welche etwa die Idee von dem Adel der Doctoren noch erzeugen könnte, auszuweichen. So bestättigte Leo X. ein Statut des Capitels zu Osnabrück, vermöge dessen jede Art von Doctorat ausgeschlossen, hingegen dem Freyherrn oder gebohrnen Ritter allein der Zutritt in das Capitel auf künftige Zeiten offen seyn sollte (y). Die Domherren von Münster legten dem Pabste Pius V. ihr Statut zum ausschließenden Vortheile des Adels mit Beschreibung ihrer Ahnenprobe, die damals schon auf vier gerichtet war, zur Bestättigung vor; — der Pabst fand um so weniger Bedenken dabey, da schon einer seiner Vorfahren Jul II. im Jahre 1504 ein

---

(y) Köhlers Münzbelustigungen, Th. XVII. S. 16.

Statut zum ausschließenden Rechte des Adels bestättiget hatte (z). Der Beredsamkeit der römischen Curialisten fehlte es nicht an Entscheidungsgründen, welche aus allen rednerischen Gemeinplätzen genommen wurden. Nicht nur allein der Glanz und die Würde der Domkirchen, glaubte der Pabst, gewinne durch solche Statute, sondern die uralte, und längst verjährte Gewohnheit gebe dem Capitel ein wohlerworbenes Recht, das durch ein ausdrückliches Statut zu bestimmen, was es durch dieselbe bereits hergebracht habe. Lehrte nicht die Erfahrung, wie wenig es dem päbstlichen Hofe koste, Gewohnheiten, Statute und Observanzen zu vernichten, wenn sie seinem temporären Interesse entgegen zu seyn schienen: so könnte ich mir's nicht erklären, wie man hier den Rechtsbestand solcher Gewohnheiten, welche dem Doctorate so ungünstig waren, so feyerlich habe anerkennen mögen? Ein gleiches Statut errichteten die Domherrn zu Lüttich, und bestimmten die Anzahl und Eigenschaft der Ahnen noch genauer. Geburtsadel forderten sie schlechterdings von des Candidaten Aeltern, doch gaben sie in Rücksicht der Grosältern nach, und waren zufrieden, wenn der väterliche oder mütterliche

---

(z) Lünig Spicil. ecclef. T. II. p. 1439 seq.

Großvater von dem Pabste, dem Kaiser, oder einem Könige den Adel erhalten hatte (aa). Diesem Beyspiele folgten mehrere Stifter bald früher bald später nach.

Unterdessen aber waren die Unruhen, welche Luther in Teutschland in der Religion erregt hatte, lange schon in ihrer völligen Gährung, und schienen dem Stiftsadel der protestantischen Staaten eben nicht gar günstig zu seyn. Schon Luther glaubte sich daher berufen, die Rolle eines Lobredners und Vertheidigers der Stifter und insonderheit des Adels zu übernehmen; „Die alten Stifte und Thume," sagt er, „sind darauf gestiftet, daß, weil nicht ein „jeglich Kind vom Adel Erbbesitzer und Regierer „seyn soll, nach teutscher Nation Sitten in denenselben „Stiftern es mögte versetzet werden, und allda Gott „frey dienen, studieren und gelehrt werden und „machen u. d. g." (bb). So sehr sich Luther auch irrte, wenn er das als ursprünglichen Zweck der Stiftungen verkaufen will, worauf der Adel erst in der Folge verfallen ist, so treffend schildert er hier die damaligen Gesinnungen des Publicums, so genau

---

(aa) Bey Cramer de juribus & prærog. nob. av. im Anhange: das Statut ist von 1560.

(bb) Luther T. I. Jenens. German. p. 308.

beweißt sein Zeugniß, von welcher Seite man damals die Erz- und hohen Domstifter angesehen habe. Luther mochte doch wohl auch den Doctoren nicht abgeneigt gewesen seyn, und hie und da gerne ein paar Worte zum Vortheile derselben geredet haben. Aber hier, wo er von dem Zwecke der Domstifter redet, entfällt ihm auch nicht eine Sylbe zum Frommen des Doctorats. Hätte er nicht eben so gut sagen können, sie seyen gestiftet für fromme und gelehrte Männer, welche Muth und Geschicklichkeit genug besäßen, die Ehre und Würde der Kirche zu vertheidigen; oder hätte er nicht wenigstens neben dem Adel auch des Doctorats gedenken können? Dieses Stillschweigen beweißt indessen, was schon aus dem, so ich bereits angeführt habe, erhellt, daß man auf das Doctorat keine so große Rücksicht mehr in den Domstiftern genommen habe. Unterdessen schien das Doctorat, so zu sagen, wieder empor zu leben, als die versammelten Väter zu Trident so treffliche Verordnungen zu seinem Vortheile machten. Die zwey- drey- und vier und zwanzigste Session hatte großen Theils die Erhebung des Doctorats zum Gegenstande der Berathschlagungen eben so, wie zum Resultate derselben. Wenn es erlaubt wäre, den heiligen Vätern zu Trident so kleine menschliche Nebenabsichten bey all ihren

Eifer für die Wohlfahrt der Kirche zuzutrauen, so würde ich sagen, daß ihre Selbstliebe bey diesen Verordnungen mit im Spiele gewesen sey; eine Schwachheit, welche ich diesen Herren recht gerne verzeihe, da sie nur Menschen seyn mußten, um derselben unterworfen zu seyn. In dem Gefolge der Bischöffe und Gesandten befanden sich mehrere Doctoren der Rechte und der Gottesgelehrtheit, welche noch nicht einmal eine Präbende in Collegiatstiftern erlangt hatten. — Kein Wunder, wenn sie sich Mühe gaben, mehrere Verordnungen zum Vortheile des Doctorats durchzusetzen; und da es doch immer besser ist, ein Domherr zu seyn, als ein Chorherr in den Nebenstiftern, so ist es begreiflich, warum man die Domcapitel dem Doctorate eröfnet wissen wollte — Doch setzen wir diese Absichten bey Seite, und werfen wir einige Blicke auf die damalige Lage der Kirche: so werden wir eine Furcht gewahr, welche sich von selbst den Vätern zu Trident aufdrang, eine Furcht, es möchten wohl manche Capitel Luthers Lehre in jedem Betrachte behaglicher finden, als die Lehre der römischen Kirche. Sie befahlen daher, daß jeder neue Chorherr binnen zwey Monaten das Glaubensbekenntniß und einen Eid abzulegen habe, bey demselben auf immer zu beharren (cc). Dies war eine Verordnung, welche geradezu die Absicht der heiligen Väter verrieth. Andre Verordnungen, welche nicht geradezu, sondern durch Umwege einem gefürchteten Uebel entgegen arbeiten, und um deßwillen oft wirksamer sind, als die Ersteren, suchten natürlicher Weise die erleuchteten Väter zu Trident, gleichfalls durchzusetzen. Hierunter gehören die beliebten Vortheile des Doctorats. Konnte man mehrere Doctoren in die Erz- und hohe Domcapitel bringen, so waren die festen Grundsätze, welche man ihnen zutraute, und die Ueberzeugung von der Wahrheit der catholischen Religion, welche ein Resultat derselben war, ein Damm, den man dem Eindringen der neuen Lehre in die Capitel entgegen setzen konnte. Hiezu kam, daß man sich von dem Eifer und der Geschicklichkeit der Domherrn auch ausser den Gränzen des Capitels wohlthätige Wirkungen für die Würde der catholischen Kirche versprach. Indessen würde man der Gerechtigkeitsliebe der heiligen Väter zu nahe treten, wenn man behaupten wollte, daß sie auf Kosten des Adels das Doctorat hätten erheben wollen. Man betrachte nur all' ihre Verordnungen unbefangen und im Zusammenhange,

---

(cc) Sess. 24. de reform. C. XII.

Wenn Sie von einem Candidaten verlangen, daß er entweder mit einer academischen Würde, oder mit einem hinlänglichen Zeugnisse seiner Lehrtalente von der Academie zurücke kommen müsse, so lassen sie die übrigen etwa durch die Statute bestimmte Eigenschaften in Rücksicht der Geburt, des Alters u. d. g. unversehrt (dd). Ja, wenn die Synode sagt, daß wenigstens die Hälfte der hohen Dompräbenden an Doctoren, oder Licentiaten der Rechte, oder der Gottesgelehrtheit vergeben werden möchte, so spricht sie nicht in dem gebietherischen Tone der gesetzgebenden Gewalt, sondern sie mahnet nur, sie hebt nicht, wie sie es bey andern Gelegenheiten zu thun gewohnt war, die entgegenstehenden Statute und Observanzen auf, sondern scheint vielmehr die Sache dem billigen Ermessen der Domcapitel anheim zu stellen (ee). Hätte es doch nur einige Federstriche gekostet, die der römischen Curie so geläufige Clausel non obstantibus quibuscunque Statutis & consuetudinibus dieser Verordnung anzuhängen, wenn es der Synode Ernst gewesen wäre,

---

(dd) Quicunque posthac ad ecclesias cathedrales erit assumendus, is non solum *natalibus*, ætate, moribus, & ortu ac aliis, quæ a sacris canonibus requiruntur, plene sit præditus. Sess. XXII. cap. 2. de reform.

(ee) Hortatur - sancta Synodus. Sess. XXIV. c. 12.

in jedem Stifte die Pfründen zwischen dem Doctorat und dem Adel zu theilen. Aber nein: sie will ihre Verordnung nur in solchen Provinzen durchgesetzt wissen, wo sie bequem durchgesetzt werden kann (ff). Wo sie bequem durchgesetzt werden kann? — Also nicht in jenen Provinzen Teutschlands, wo bereits verjährte Gewohnheiten und Statute, kaiserliche und päbstliche Urkunden dem Adel ein ausschließendes Recht versichert hatten; nicht in jenen Provinzen Teutschlands, wo das ohnmächtige Doctorat dem raubgierigen Adel Gelegenheit geben würde, diejenigen Güter anzufallen, von denen er sich und seinen Nachkommen keinen Vortheil erwerben kann. Nicht in jenen Provinzen Teutschlands, wo man bey Durchsetzung dieser Verordnung Zwiespalt und Unruhe des Capitels und Mißvergnügen des Adels erwarten, und der zahlreiche Adel in der Entziehung so vieler Pfründen, womit ein Theil derselben bisher sich und seine Verwandten im Wohlstand erhalten hatte, seinen Untergang befürchten müßte; nur da, wo es bequem geschehen könnte, sollte die Hälfte der Präbenden an die Doctoren vergeben werden. Aber wenn auch die Synode noch so ernstlich auf der Theilung

---

(ff) l. c. *ut in provinciis, ubi id commode fieri potest.*

der Präbenden zwischen Doctoren und Nichtdoctoren bestanden wäre; was wäre dem Adel selbst entzogen worden. Die Synode scheint sich nichts im Allgemeinen bey Erwähnung der Doctoren vom Unadel zu denken, sondern vielmehr eben so wie die Statute und Gewohnheiten bey dem Candidaten, den erforderlichen Adel voraus zu setzen. Gegen denselben erklärte sich die Synode auch nicht ein einzigesmal, wohl aber mit dürren Worten für denselben, wenn sie von dem Candidaten nebst den Vorzügen der Geburt, auch die Doctorswürde fodert. Die versammelten Väter zu Trident wollten also, wie mir dünkt, in den Gemüthern des Adels den Geist der Gelehrsamkeit erwecken, und die ehrwürdigen Seminarien künftiger Bischöffe und Kirchenprälaten in Wohnungen von Gelehrten umschaffen, welche theils die ruhmvolle Rolle der Glaubensverfechter übernehmen, theils das Aergerniß wieder gut machen sollten, welches etwa die Domherren durch ihre Unwissenheit sowohl, als durch ihr zügelloses Leben gegeben haben mochten (gg). Die Erfahrung hatte bereits gelehrt, daß auch der Adel der Doctorswürde nicht unfähig sey, die Väter zu Trident glaubten

---

(gg) Brauburger de formula reformat. ecclesiastic. p. 220.

also, ihre Foderung nicht zu hoch gespannt zu haben, wenn sie auch in jenen Stiftern, wo bereits kein Doctor mehr unter dem bloßen Titel des Doctorats aufgenommen wurde, die Hälfte der Präbenden in den Händen der Doctoren sehen wollten. So wären denn die Väter zu Trident behutsamer und bescheidener mit den wohlerworbenen Rechten der hohen Erz = und Domstifter verfahren, als ehemals die Väter zu Costanz, welche mit einem Schlage alle Statute und Observanzen über das ausschließende Recht des Adels, auch wenn sie von dem Pabste bestättiget wären, zu vernichten schienen, und nur da eine Ausnahme gestatteten, wo ursprüngliche Stiftung der Kirchen, oder der Pfründen den Adel allein begünstigten. Der Erfolg klärte die Gesinnungen der Väter zu Trident am besten auf. Die Capitel, in denen der Adel bereits ausschließenden Besitz gefaßt hatte, veränderten weder ihre Statute, weder nahmen sie Doctoren aus dem Unadel in ihr Mittel auf. Ja der römische Hof erkannte den Rechtsbestand der Statute für das ausschließende Recht des Adels in einem hochberühmten und für ganz Teutschland in der Folge interessant gewordenem Falle an. Es war das Jahr 1557, da starb ein Münsterischer Domherr, Bernhard von Münster, und ein gewisser Hans Schencking, ein sogenannter Burgmann, erhielt von Paul IV. eine Provision, welche er den 27. October des neulichen Jahrs präsentirte und in Besitz der erledigten Präbende gesetzt zu werden verlangte. Allein das Capitel zu Münster weigerte sich dessen, Scheneking konnte von Rom aus Unterstützung hoffen, und siehe, er fand sie: denn am 6ten Jul, 1558, erhält er von der römischen Rota ein Urtheil gegen das Capitel, worinn dessen Einwendungen für unerlaubte, verwegene und ungerechte Ausflüchte erklärt wurden, mit der Auflage, den Burgmann in Besitz zu setzen. Das Capitel fand nicht für gut zu gehorchen, ein Ungehorsam, dessen traurige Folgen ein Ohngefähr verhinderte: denn Pabst Paul verstarb, und räumte den Thron Pius dem Vierten, ein. Hier änderte sich die Szene, denn Paul Draco der päbstliche Referendar, war für das Capitel zu Münster gewonnen, und mußte dem Pabste die bereits von Jul II. bestättigten Capitelstatute vorlegen, vermöge welcher nur dem zweyahnigten Adel eine Präbende gegeben werden konnte. Man sagt, die großen Herren widersprächen selten bey solchen Fällen. So gieng es auch hier; — der Pabst bekannte mit eben so vieler Bescheidenheit, als Freymüthigkeit, die Päbste seyen nicht gewohnt, den Statuten zu derogiren;

Paul IV. habe nur den Unterschied zwischen dem ritterlichen und burgmännischen Adel nicht gekannt, und folglich mit seinem Urtheile weiter nichts sagen wollen, als Schencking möge binnen einer bestimmten Frist seinen statutenmäßigen Adel erweisen. Da nun dieser Termin schon lange verflossen sey, so müsse er freylich den Candidaten mit seinem Gesuche abweisen. So war denn die päbstliche Infallibilität auf eine feine Art gerettet, die Statute des Capitels waren anerkannt, und die Wünsche desselben erfüllt. Allein die päbstliche Curie, so dachte Schencking, die schon einmal ihre Meynung auf eine so unerlaubte Art zu ändern gewußt hat, ändert ihre Meynung auch das zweytemal, und Schencking dachte sich Wahrheit: denn siehe, kaum waren dreyzehn Jahre von Eröfnung des letzten Urthels verflossen, so erschien ein Neues, wodurch das erste von Paul IV. gefällte Urthel bestättiget wurde. Die Executorialen wurden nun zugleich, ich weiß nicht, an wieviel Potentaten, Fürsten und Bischöffe gerichtet, dem Capitel mit Bann und Interdicten gedroht; und gar von Dathan, Chore und Abyron gesprochen (hh). Der weitere Verlauf der Sache gehört nicht hieher. Soviel ergiebt sich

_____

(hh) Lüning bibliotheca deduct. p. 443 seq.

indessen, daß man auch nach dem Kirchenrathe zu Tridont die Statuten der Stifter über das ausschließende Recht des Adels anerkannt habe. Diese Widersprüche der päbstlichen Entscheidungen und der Sieg, den doch zuletzt der Burgmann davon trug, sind meiner Behauptung nichts weniger, als nachtheilig; — Weil Paul IV. dafürhielt, sein Provisus habe den statutenmäßigen Adel erwiesen, befahl er dem Capitel zu Münster, denselben in Besitz zu setzen, und weil Pius IV. das Gegentheil glaubte, wies er den Candidaten ab. Zuletzt überzeugte sich die römische Rota wieder vom Gegentheile, und deßwegen verhängte sie zu des Burgmanns Gunsten die Executorialen; deßwegen drohte sie mit Bann und Interdicten; deßwegen sprach sie von Chore, Dathan und Abyron. Dieser Handel war aber im Ganzen dem Adel, welcher einmal ausschließenden Besitz in den Domstiftern genommen hatte, so wenig nachtheilig, daß er vielmehr demselben neuen Muth einflößte, in Fällen, wo man ihm Leute vom Unadel aufdringen wollte, dreist mit seinen Statuten selbst vor der römischen Rota aufzutretten.

Mehrere Capitel machten selbst nach dem Tridentinischen Kirchenrathe zum ausschließenden Vortheile des Adels Statute, ohne daß man Widersprüche erregt hätte. Noch 1527 war Balthasar Merklin Bischof zu Hildesheim, ein Mann von geringem, wiewohl ehrbarem Geschlechte, und 1573 ist unter den Domherrn des Capitels daselbst ein Mann vom Unadel aufgetretten, mit Namen Theodoricus Blecker, der bey der Wahl des Erzbischofs Ernst von Cölln keine unrühmliche Rolle spielte. Und dennoch trifft man von den Zeiten des Erzbischofs Ernst keine vom Unadel mehr in diesem Capitel an (ii). Selbst Max II. bestättigte das zu Münster bestehende Statut vom ausschließenden Rechte des Adels mit dem ausdrücklichen Zusaße, daß er die löblichen Gebräuche, Gewohnheiten, Statuten und Privilegien der Stifter ungekränkt erhalten wolle, und ernannte den Cammerrichter und die Assessoren zu Vollstreckern und Bewahrern dieser Bestätigungsurkunde. Ja es wurde in diesen Zeiten die Meynung gäng und gebe, als wären die Erz- und hohen Domstifter vorzüglich zum Unterhalte und zur Versorgung des Adels gestiftet — eine Meynung, welcher man mit dem grösten Vergnügen den Beyfall gab, und mit aller damals

---

(ii) Sunnemann Canon. Colleg. S. Andreæ in Hildesheim in licita, legitimaque defensione p. 43. citatus a Caspare Calvör in Saxonia inferiore antiqua gentili, & christiana Part. III. L. I. C. I. §. 15.

üblichen Beredsamkeit zu unterstützen suchte. „Wir
„wollen,“ sagen die evangelischen Grafen und Frey=
herrn, in ihrer Bittschrift an Max II. vom Jahre
1565, „in keinen Zweifel setzen, Euer kaiserliche
„Majestät werde sich allergnädigst zu erinnern wissen,
„welcher Gestalt vor vielen Zeiten die Stift und
„Erzstifte fürnemlich zur Ehre Gottes, und dann auch
„zur Erhaltung und Aufnehmung fürstlicher, gräfli=
„cher und adelicher Häuser und Geschlechter fundirt
„und geordnet, von vielen Kaisern, Königen, Fürsten,
„Grafen und Herrn hochlöblichster mildester Gedächt=
„niß reichlich begabt" u. d. g. Ja in ihrer Replik
vom Jahre 1576 ziehen sie aus diesem Vordersatze
ganz deutlich die Schlußfolge zu ihrem Vortheile,
„dieweil," sagen sie, „männiglich weiß, daß Kaiser
„und Könige, Fürsten und Herrn, auch viel unserer
„gottseligen Vorfahren der gräflichen Geschlechter
„im heil. Reich mit angeregten Stiftungen inge=
„mein sowohl, und nit weniger auf die Unterhaltung
„der hohen Geschlechter, als auff anders mehr gese=
„hen, auch die hohe und anders adeliche Stiffte
„aus der fürnemlichen Ursach so ansehnlich dotirt, daß
„sie dadurch ihrer und menniglich der Posteritet
„fürstlicher und gräflicher Häuser, auch dero von
„Adel gleichsam eine ewige Versehung und Unter=
„haltung, doch mit einer solchen Maß zu schöpfen

„gemeint gewesen, daß sie dabey einen eingezogenen,
„erbarn, christlichen und löblichen Wandel führen
„sollten" u. d. g. (kk).

Diese allgemein gewordenen Gesinnungen erweckten einen Gemeingeist unter dem Adel, welcher allein im Stande war, so oft die Rechte des Adels gegen die Macht der Großen zu schützen. Die Reichsritterschaft war unterdessen zu einem reifern Alter herangewachsen, und gab durch ihr Beyspiel den überzeugendsten Beweis, daß auch vereinzelte Unmacht durch Vereinigung respectabel werden könne. Konnte sie durch ihre Eintracht, durch das Zusammenhalten ihrer Kräfte, und durch ihren biedern Gemeingeist die Fesseln zerreissen, mit denen sie in den vorigen Jahrhunderten an die Fürsten gebunden war; konnte sie für jedes einzelne Mitglied eine Gewalt erwerben, die Nebenbuhlerinn der Landeshoheit ist; konnte sie endlich die Rechte eines Standes erringen, der einzig in seiner Art, mit beynahe allen Rechten der Reichsstände begabt, und doch selbst kein Reichsstand dem Kaiser und Reiche unmittelbar unterworfen ist, so mußte sich ihr beynahe

---

(kk) S. Autor des Bedenkens, ob im heil. röm. Reich
die Erz- und andre Stifte beständig in ihrem Esse
und Wesen zu erhalten p. 47—57. 61.

von selbst der Gedanke aufdringen, die bereits erworbenen Rechte in den Erz- und hohen Domcapiteln noch fester zu begründen. Was war natürlicher, als eine Vereinigung der Reichsritterschaft, mit gesammten Kräften den alleinigen Besitz in den Erz- und hohen Domcapiteln zu erhalten, welcher für ihren eigenen Wohlstand von so ausgemachtem Interesse war. — Die Unterlassung dieses Schrittes würde in der Geschichte der Reichsritterschaft ein unauflösbares Problem geblieben seyn, und mit dem ganzen Systeme ihrer Handlungen einen frappanten Contrast gemacht haben. — J. J. 1609 und 1610 nahm also die Reichsritterschaft bey ihren Correspondenztagen im Monate May zu Speyer die Verabredung, auf immer alle Graduirte von den Hoch- und Ritterstiftern in ihren Cantons auszuschließen. Nicht, als ob sie durch diese Verabredung ein neues Recht festsetzen wollte, denn schon lange war kein Doctor mehr in Bamberg, Wirzburg, Maynz, Worms, u. d. g.; sondern sie gebrauchte ihren Verein blos zur Erhaltung eines bereits erworbenen Rechtes, und verband sich für einen Mann zu stehen, wenn der römische oder kaiserliche Hof den Capiteln einen Candidaten aus dem Unadel aufdringen wollte. Dieser Gemeingeist der Reichsritterschaft gieng in der Folge auf den Adel des ganzen Reiches über, der in der Mitte des siebenzehnten Jahrhunderts sowohl bey dem päbstlichen als kaiserlichen Hofe alle Künste der Politik anwendete, um ihre Einwilligung zu einer allgemeinen Ausschließung des Doctorats aus den hohen Erz- und Domcapiteln zu negociiren (ll). Allein zu diesem Schritte waren weder der Kaiser, weder der Pabst zu bringen; wenigstens ist mir das Resultat dieser Negotiationen unbekannt. Wahrscheinlich waren die Unruhen des Kriegs, in welche Teutschland verwickelt war, und welche den kaiserlichen und päbstlichen Hof mit ganz andern Planen und Aussichten beschäftigten, der Grund des Stillschweigens, das man in der Geschichte von ihrer Seite bemerket. Die Stifter also, in welchen das Doctorat durch einzelne Statute, Observanzen und Privilegien bereits ausgeschlossen war, mußten sich also bey denselben beruhigen, und konnten es um so eher, da sie ohnehin bey dem gemachten Plane kein anderes Interesse hatten, als das Interesse des Ganzen, und für sich durch ihre eigene Verfassung hinlänglich gedeckt waren. — In andern Stiftern aber, wo zum Theile noch Statute zum Vortheile

---

(ll) Conr. Kreidemann Beb. vom J. 1640 von adelichen Stiftern, Verzichten u. d. g. In Burgermeisteri bibliotheca equestri p. 629. seq.

des Doctorats bestanden, blieb es beym Alten. Eine Neuerung war schlechterdings unthunlich, so lange noch Doctores in den Capiteln waren, welche auch ein Wort bey Abfassung der Statute mitzusprechen hatten.

Dritte Abtheilung.
Von dem Westphälischen Frieden bis auf die neuesten Zeiten.

Erstes Kapitel.
Ueber den §. 17. Art. V. des Osnabrückischen Friedensschlusses.

In dieser Gährung fanden die Verfasser des Osnabrückischen Friedensschlusses das wichtigste Recht des teutschen Adels. Der Handel, den die Burgmannen von Schencking mit dem Domcapitel zu Münster hatten, war noch nicht zu Ende gediehen. Von beyden Seiten wurden alle Triebfedern des Rechts und der Politik in Bewegung gesetzt, von beyden Seiten wurde um Protectionen gebuhlt und gehandelt, das ganze ehrsame Patriciat war im Aufstande, so wie der ganze Adel; beyde stritten für ihre theuersten Rechte, beyde wollten den Sieg, es koste auch, was es wolle, beyde wollten den Sieg mit Aufbietung all ihrer Kräfte erringen. Die Bewegungen der evangelischen Grafen und Herren, aus der Mitte des vorigen Jahrhunderts waren noch im frischen Andenken, der Geist, der ihre Bemühungen beseelte, und sie antrieb, mit vereinigter Stimme und Kraft ihr Interesse an dem kaiserlichen Hofe zubetreiben, wehte noch lebhaft unter den acht- und sechzehnahnichten Protestanten; kaum waren es einige Jahre, daß der Adel den ungeheuren Plan entwarf, sich alle Hoch- und Erz-stifter Teutschlands ausschließend zuzueignen, daß er es wagte, im Angesichte des ganzen Reichs mit diesem Plane aufzutreten, daß er alles aufbot, den kaiserlichen Hof in sein Interesse zu ziehen.

Alle diese Handlungen waren theils zu neu, theils zu wichtig, als daß sie der Aufmerksamkeit der Paciscenten zu Osnabrück, welchen die Unabhängigkeit einiger elenden Reichsdörfer in Franken kein zu niedriges und unwürdiges Thema war, hätten entgehen sollen. Und hätten sie auch einen der wichtigsten Puncte; welcher das Doctorat und Patriciat aus den Hoch- und Erzstiftern Teutschlands auf ewig verdrängen, oder ihn auf ewig in denselben erhalten sollte, unberührt, oder unentschieden lassen sollen? Dies war wohl nicht zu erwarten, zumal da das persönliche Interesse, oder wenigstens das Interesse, das jeder an der Wohlfahrt des Standes nimmt, von dem er ein Mitglied ist, bey den meisten Herren auf dem Congresse zu

Osnabrück so augenscheinlich ins Spiel kam. Je nun: was zu erwarten war, das geschah. Der siebenzehnte §. des fünften Artikels sollte den wichtigen Punct entscheiden: die Friedensstifter drücken sich so aus:

„*Opera detur, ne nobiles patricii, gradibus*
„*academicis insigniti, aliæque personæ idoneæ,*
„*ubi id fundationibus non adversatur,* (*capi-*
„*tulis*) *excludantur, sed ut potius in iis con-*
„*serventur.*"

Triumph genug für das Doctorat und edle Patriciat der Städte: denn siehe, die weisen Männer zu Osnabrück verwarfen das ungeheure Project des Adels, den graduirten Unadel, samt dem Patriciat aus den Capiteln zu verbannen, in welchen er bis itzt noch, vermöge der Statute oder der Gewohnheit, geschützt war, und gaben ihm in den Stiftern, in welchen er noch existirte, eine ewigwährende Existenz. Es war eine bekannte Sache, daß bereits mehrere Capitel zum Theile seit Jahrhunderten schon dem Unadel allein den Zutritt in ihr Mittel vergönnten, und vielleicht nur im äussersten Falle aus Furcht, oder Ergebenheit für den päbstlichen Stuhl einen Mann aus dem Unadel dulteten, ohne jedoch hiedurch die Rechtskraft ihrer Statute, oder ihrer uralten Observanz aufzugeben. Es war eine bekannte Sache, daß mehrere Capitel bereits durch päbstliche und kaiserliche Privilegien dem Unadel allein auf ewig zugesichert waren. Aber solche Capitel hatten auch die versammelten Männer zu Osnabrück nicht im Sinne. Nur dem allgemeinen Streben des Adels um den alleinigen Besitz hoher Erz= und Domcapitel wollten sie entgegen arbeiten, und dem endlichen Vertilgen des Doctorats und Patriciats aus denselben durch diese feyerliche Sanction einen festen Damm entgegen setzen.

Aber wie? Allein in solchen Capiteln sollte das Doctorat und Patriciat seines Besitzes versichert seyn, in welchen es noch zur Zeit des Friedens war? Sollten nicht die Doctoren und Patricier vielmehr in allen Erz= und Domstiftern durch diese Sanction zu Präbenden fähig gemacht, und nur da hievon eine Ausnahme gestattet worden seyn, wenn die hohen Erz= und Domstifter für den Uradel allein erweislich gestiftet worden wären? Eine alte, wenn gleich nie angenommene, noch allgemein vertheidigte Exegese des Westphälischen Friedens — Eine alte Exegese, welche bereits der hochgelahrte Samuel Stryk, oder wenn man will, Herr Mathias Daniel Laurens annahm (a). Eine alte

---

(a.) In dissertat. de jure papali princ. evangel. C. V. §. 6.

Exegese, auf welche schon mancher Rechtsgelehrte verfiel, mancher Rechtsgelehrte, der nicht ohne Ruhm seine literarische Rolle gespielt hat. Ich will hier unter mehrern einen **Friedrich Nitzsche** (b), **Heinrich Cocceji** (c), **Melchior von Ludolf** (d) und **Georg Heinrich Ayrer** (e) nennen. Aber diese Männer ließen es bey einigen Sätzen bewenden. H. Hofrath **Spittler** zu Göttingen suchte die alte Exegese wieder vor, und vertheidigte sie mit einem Scharfsinne, mit einer Beredsamkeit, welche auch den bereits gegen diese Exegese eingenommenen Leser dahin reißen, und ihm bey der ersten Lectüre den Beyfall abnöthigen (f). Solche Gründe verdienen geprüft, und, wenn es möglich ist, widerlegt zu werden. Zwar prüfte sie bereits ein scharfsinniger Rechtsgelehrter, — er nennte sich nicht; doch müßte ich sehr irren, wenn

---

(b) Comment. ad Art. XLIII. Capitul. Josephinæ p. 729.

(c) De Lege morganaticæ Sect. III. §. 7.

(d) De jure fœminarum illustrium.

(e) Commentatio juris ecclesiastici publici jus primariarum precum, quam late patet &c. Gottingæ 1740. p. 194 und mehrere Andre.

(f) Gött. histor. Magazin von C. **Meiners** und C. Th. **Spittler** B. II. Stück III. In einigen der folgenden Stücke wurden noch einige Zusätze und Berichtigungen geliefert.

es nicht der gelehrte Herr geistliche Rath Kohlborn zu Maynz wäre (g). Doch an dieser literarischen Nachricht mag uns hier wenig liegen. Mir scheint indeß der Widerleger noch Feld genug zum Streite übrig gelassen zu haben, und so schien es auch dem scharfsinnigen Spittler. Die Gesetze des Streits liegen in der Natur der Sache, und, so wie sie in der Natur der Sache liegen, zeichnete sie Spittler vor. Sein Gegner soll nur mit exegetischen Gründen auftretten, so wie auch er nur exegetische Gründe vorlegte. Ob Observanz den Uradel begünstigte, das läßt er dahin gestellt seyn; Nur meynt er, exegetische Gründe verwärfen überall den ausschliessenden Besitz des Uradels, es wäre denn Sache, daß die hohen Erz= und Domcapitel für den Uradel allein gestiftet worden seyen.

Allein diesen Sinn finde ich in der angeführten Stelle des Oonabrückischen Friedens nicht. Meine Meynung will ich zuerst vortragen, alsdann es versuchen, Spittlers Gründe zu widerlegen. Ich glaube, der Sinn der in Frage stehenden Stelle ist folgender.

(g) H. H. Spittler schickte dem H. G. R. einen Aufsatz in Manuscript zu. — Seine Widerlegung steht im oben angezeigten Stücke.

In allen hohen Erz- und Domcapiteln, wo noch Statute oder Gewohnheiten zum Vortheile des Patriciatadels, des Doctorats oder andrer qualificirter Personen bestehen, sollen der Patriciatadel, das Doctorat und andre qualificirte Personen durch gegenseitige Statute, oder Gewohnheiten nicht ausgeschlossen, sondern vielmehr in denselben erhalten werden, es wäre denn Sache, daß ursprüngliche Stiftungen, die hohen Erz- und Domcapitel zu Einführung gegenseitiger Statute, oder Gewohnheiten berechtigen sollten.

Aus dieser Paraphrase ergiebt sich, daß meiner Meynung nach

1) Die Paciscenten zu Osnabrück nicht alle Erz- und Domcapitel, sondern nur solche zum Vorwurfe ihrer Entscheidung nahmen, in welchen bereits noch Statute oder Gewohnheiten zum Vortheile des Doctorats, des Patriciatadels, oder andrer qualificirten Personen bestanden.

2) Daß sie in solchen Erz- und Domcapiteln das fernere Vertilgen des Patriciats, des Doctorats, und andrer qualificirten Personen durch Errichtung gegenseitiger Statute und Gewohnheiten auf ewig verhindern wollten.

3) Daß sie nur in einem solchen Falle nachgeben, die Errichtung gegenseitiger Statute und Ein-

führung gegenseitiger Gewohnheiten gestatten wollten, wenn die hohen Erz= und Domcapitel ursprünglich für den Adel gestiftet wären; daß sie also

4) die bereits zur Ausschließung des Doctorats, des Patriciats oder andrer qualificirter Personen, in andern Erz= und Domstiftern gemachten Statute und eingeführten Gewohnheiten ungekränkt in ihrem Werthe belassen wollten.

Meine Erklärung muß die richtige seyn, wenn sie mit der damaligen Geschichte der hohen Erz= und Domstifter, mit dem Wortverstande des West= phälischen Friedens, mit den Friedensverhandlungen, endlich mit andern Parallelstellen des Friedens über= einstimmt. Diese Uebereinstimmung darzulegen, ist mein Thema.

Jeder Exeget einer Stelle in einem Vertrage oder Friedensschlusse, bey welchem die Frage von Rechten und Verbindlichkeiten vorkömmt, darf die in der Natur der Sache gegründete Regel zum Grunde seiner Exegese legen, daß die Paciscenten nicht ohne den Fall der äußersten Nothwendigkeit Jemanden ein wohlerworbenes Recht entziehen woll= ten; ein wohlerworbenes Recht, das der höchsten Gewalt bey einem Friedensschlusse eben so heilig und unverletzbar seyn muß, als bey der Regierung des Staates, wo es etwa nicht auf Verträge, sondern auf positive Willenserklärung der höchsten Gewalt ankömmt. Folglich darf ich vermuthen, daß die hohen Herrn Paciscenten zu Osnabrück bey Abfassung der in Frage stehenden Stelle irgend einem hohen Erz- oder Domcapitel, nicht ohne Noth ein wohlerworbenes Recht entziehen wollten. Ich darf es vermuthen: denn wer sollte sich Arges bey einer unschuldigen Vermuthung gedenken? Nun hatte aber der Adel in mehrern Erz- und Hochstiftern Teutschlands ein wohlerworbenes Recht auf den ausschließenden Besitz der Präbenden, oder was eben soviel ist, mehrere hohe Erz- und Domcapitel hatten ein Recht, den Unadel auszuschließen; ein Recht, das durch Statute und verjährte Gewohnheit zuerst eingeführt, durch kaiserliche und päbstliche Privilegien bestättigt, ja selbst von einem Concilium anerkannt wurde, das für den catholischen Religionstheil alles war. (II. Abth. II. Kap.) Dieser Vermuthung erlaube man mir noch eine andre hinzuzusetzen. Die hohen Herrn Paciscenten zu Osnabrück beschäftigten sich damals, als sie diese Stelle entwarfen, mit Hebung der Beschwerden, und selbst in dieser Stelle wollten sie eine derselben beseitigen. Bringt man aber bey einem Friedensconvente, auf welchem Beschwerden geprüft und erledigt werden sollen, nicht gerade solche zur Sprache, welche zur Zeit der Unruhen, oder wenn man will, auch vor denselben gemacht worden? Wo beschwerte sich aber je ein Doctor, oder ein andrer Mann aus dem Unadel, daß man ihn aus einem Capitel schließen wolle, das längst für den Uradel allein offen war? Wer hätte es gewagt, die päbstliche Bulle anzufechten, welche dem Adel allein das Capitel zu Osnabrück einräumte; oder wer wollte sich eindringen in Trier oder Maynz, in Bamberg oder Wirzburg? Wohl aber führte man Beschwerden, daß sich das Domcapitel zu Münster weigere, die Herrn von Schencking, ein edles Geschlecht der Patricier aufzunehmen; wohl fürchtete man, alle übrigen Capitel Teutschlands möchten dem Beyspiele des Capitels zu Münster folgen, und das Patriciat auf ewig von ihrem Mittel ausschließen, das doch nicht minder seine Ahnen zu beweisen im Stande sey, als der Adel. Wohl führte man Beschwerden über das gemeinsame Streben des ganzen Adels, das Doctorat und andre fähige Personen aus allen Capiteln Teutschlands zu verbannen, ihn zu verbannen, auch aus solchen Capiteln, in welchen er noch eine statuten- und observanzmäßige Existenz hatte. Dies waren die Beschwerden; diese

Beschwerden waren neu, und konnten den versammelten Herren zu Osnabrück bekannt werden. Wenn man also vermuthen darf, daß Männer, welche Beschwerden erledigen sollen, nur auf wirklich gemachte, wirklich gegründete Beschwerden Rücksicht nehmen, so darf ich auch vermuthen, daß die hohen Paciscenten zu Osnabrück nicht alle Capitel Teutschlands, sondern nur jene vor Augen hatten, aus welchen man das durch Statute und Observanz rechtmäßig geschützte Doctorat durch gegenseitige Statute auf ewig verweisen wollte. Um deßwillen scheinen Sie das Patriciat, den graduirten und nicht graduirten Unadel in Schutz zu nehmen. — Indem sie auf solche Art das Patriciat, und Doctorat gegen die neuesten Versuche des Adels in Sicherheit gesetzt hatten, war alles gethan, was man nur erwarten konnte; Warum sollten sie mehr thun, als selbst die überspannteste Hoffnung des Unadels sich schmeicheln konnte? Warum sollten sie zu eben der Zeit, da sie die Unmacht gegen den mächtigen Adel beschützen wollten, dem Adel Gelegenheit zu neuen Beschwerden geben? — Kurz, wenn man die Geschichte der damaligen Zeiten mit der in Frage stehenden Stelle des Westphälischen Friedens vergleicht, so erwächst, um es recht gelinde auszudrücken, eine Vermuthung, daß die hohen Paciscenten bey Abfassung dieser Stelle nur einige, nicht alle Erz- und Domcapitel Teutschlands im Sinne hatten.

Aber wozu Vermuthungen, wenn die Stelle des Gesetzes klar ist, wenn man nur der einfachsten Regeln einer gesunden Exegese bedarf, um den Sinn der Paciscenten zu Osnabrück unwidersprechlich dahin zu erklären, daß nirgendwo der Adel allein den ausschließenden Besitz der Erz- und Domprähenden behalten, sondern auch die Patricier, die graduirten und nicht graduirten, jedoch sonst zu Domherrnstellen geeigenschafteten Personen, ihre alten, verlornen Rechte wieder erhalten, und nicht minder in die Erz- und hohe Domcapitel aufgenommen werden sollten: — So wird ohne Zweifel dieser unschuldigen Vermuthung Herr Hofrath Spittler begegnen. Allein wer soll es dem Exegeten verübeln, wenn er die Lage schildert, in welcher die Paciscenten den strittigen Punct fanden, zu dessen Entscheidung sie berufen waren? Wer soll es ihm verübeln, wenn er aus dieser Lage schon einige Schlüsse zu ziehen wagt, dabey aber so bescheiden ist, sie nur für das auszugeben, was sie wirklich sind, für nichts als baare Vermuthungen? Doch ich will sie verlassen diese Vermuthungen, und es versuchen zu zeigen, in wieferne die Stelle des Friedens selbst mit meiner Mennung übereinstimmt.

Sollte der Wortverstand der in Frage begriffenen Stelle meine Exegese nicht rechtfertigen? Ueberall will ich bey dem eigenthümlichen Verstande der Worte stehen bleiben, deren sich die Paciscenten bedienten; man soll es mir nicht vorwerfen, daß ich dem Worte Fundation eine willkührliche Deutung gebe, und dem Begriffe derselben auch die Begriffe von Gewohnheit und Statuten, gegen allen Sprachgebrauch, unterschiebe: Fundation sey „erste „Bestimmung der Güter, wie sie bey Schenkung „oder Uebergabe derselben festgesetzt worden seyn „mag; Bestimmung des Genusses der Güter, wie „er vielleicht nach großen, neuschaffenden Revolu„tionen, wenn nun gleichsam neu fundirt wurde, „unter höchster Oberaufsicht der geistlichen und welt„lichen Macht, aufs neue festgesetzt wurde (h).„ Und dennoch scheint mir der Wortverstand der Stelle nur dahin gedeutet werden zu können, daß die edeln Geschlechter der Städte, der graduirte Stand, und andre tüchtige Männer, wo sie noch eine observanz- und statutenmäßige Existenz hätten, nicht ausge-

---

(h) Spittler l. c. S. 449.

ſchloſſen, ſondern vielmehr in denſelben erhalten werden ſollten, ausgenommen, wenn ihre gleich obſervanz- und ſtatutenmäßige Exiſtenz den Fuundationen entgegen wäre. Die Paciſcenten gebrauchten zuerſt das Wort Nichtausſchließen. Ich glaube mich kühn auf den Sprachgebrauch berufen zu dürfen, wenn ich Nichtausſchließen auf folgende Art umſchreibe; — Nichtausſchließen heißt Jemanden da laſſen, wo er iſt. Der Begriff des Nichtausſchließens iſt alſo im Grunde aus mehrern Begriffen zuſammengeſetzt. Man muß ſich vorerſt einen Ort gedenken, zweytens ein vorhergängiges Exiſtiren in dieſem Orte, um ſagen zu können, dieſer, oder jener ſoll nicht ausgeſchloſſen werden. Man wird mir vielleicht zugeben, daß dieſe beyden Begriffe in dem angeführten Ausdrucke liegen, aber hieraus eine Folge ziehen, welche meiner Behauptung nichts weniger, als günſtig iſt. Man wird mir die Geſchichte vorhalten, um mich zu belehren, daß faſt in allen Capiteln Teutſchlands Doctoren, in Vielen Patricier, und in Allen Männer, welche zwar weder Doctorat, noch Adel, übrigens aber Verdienſte genug hatten, um mit Würde eine Domherrnſtelle zu begleiten, geweſen ſeyen, und eben darum wolle der Friede ſie nicht ausgeſchloſſen aus den Capiteln wiſſen, in welchen sie vorher eine statuten- und observanzmäßige Existenz hatten. Allein da offenbar das Patriciat, das Doctorat, und andre tüchtige Personen zur Zeit des Westphälischen Friedens aus sehr vielen Stiftern bereits rechtmäßiger Weise ausgeschlossen waren, so hätten die Paciscenten nicht in gegenwärtiger Zeit reden können, „sie sollen nicht ausgeschlossen „werden." Nimmt man den natürlichen Sinn dieser Worte, so hat er eine Beziehung auf noch bestehende, wirkliche Existenz der Doctoren, der Patricier und andrer tüchtigen Personen in den Capiteln hoher Erz- und Domstifter: denn wenn ihnen verboten wird, dieselbe auszuschließen, so mußten doch welche vorhanden gewesen seyn, welche nicht ausgeschlossen werden sollten. Hätte der Friede alle Capitel vor Augen gehabt, so hätte er sogar das Wort Ausschließen nicht gebrauchen, sondern vielmehr das Wort Aufnehmen sich wählen müssen; da es, aufs gelindeste gesprochen, höchst uneigentlich gewesen wäre, den Capiteln zu befehlen, die Patricier u. d. g. nicht auszuschließen, welche sie doch bereits ausgeschlossen hatten: Vielmehr scheint der Friede dem bereits Mode gewordenen Hange der Capitel, durch gegenseitige Statute, die zum Vortheile der Patricier u. d. g. bestehenden Statute und Observanz aufzuheben, hiemit eine Gränze setzen zu wollen, „sie sollen nicht ausgeschlossen „werden," d. h. „die hohen Erz = und Domcapitel „sollen nicht mehr befugt seyn, Statute gegen „das Patriciat oder das Doctorat u. d. g. zu ma= „chen, und auf solche Art dasselbe auszuschließen. „Der Friede hätte sonst das Wort Aufnehmen sich „wählen müssen: das Wort Aufnehmen?" Wohl freylich deutlicher, ist deutlicher, könnte mir mein scharfsinniger Gegner einwenden. Allein die Pa= ciscenten zu Osnabrück, um noch emphatischer und deutlicher ihre Gesinnungen an Tag zu legen und zu zeigen, daß sie bey dem Verbote, das Doctorat u. d. g. aus den Capiteln auszuschließen, nicht alle Capitel vor Augen hatten, sondern nur diejenigen, in welchen dasselbe sammt dem Patriciat, und andern tüchtigen Personen noch eine statuten = und obser= vanzmäßige Existenz hatte, sagen sie nicht allein, sie sollen nicht ausgeschlossen werden, sondern setzen hinzu, vielmehr in denselben erhalten werden. Der Begriff der Erhaltung schließt wieder zwey Begriffe in sich, wirkliche Existenz, und Fortdauer derselben. Wo keine Doctoren, keine Patricier, oder andre tüchtige Personen mehr in den Capiteln vorhanden waren, ließ sich auch keine Fortdauer dieser Existenz gedenken. Wenn die Doctoren u. d. g. in den Capiteln erhalten werden sollten, mußten sie

K

doch da gewesen seyn. — Sie mußten da gewesen seyn, zu einer Zeit, da die Paciscenten zu Osnabrück ihre Erhaltung beliebten; war es doch eine allgemein bekannte Sache, daß in sehr vielen Stiftern Teutschlands der Patriciat- und Doctorsadel schon seit geraumer Zeit durch Observanz und Capitelschlüsse verdrängt waren. Hätten also die Paciscenten zu Osnabrück, indem sie auf Erhaltung desselben drangen, alle Capitel Teutschlands gemeynt, so müßte ich voraussetzen, daß diese allbekannte Sache denselben unbekannt gewesen sey. Diese Voraussetzung aber wird jeder misbilligen, welcher die individuelle Kenntniß zu schätzen weiß, welche die Paciscenter oft von einem unbedeutenden Winkel Teutschlands gezeigt haben. Da also der Exeget so lange bey dem Wortverstande eines Vertrags, oder Friedensschlusses stehen zu bleiben befugt ist, als aus dem bloßen Wortverstande sich kein offenbarer Widerspruch ergiebt, so kann ich das Gebot der Paciscenten: daß das Doctorat, der Patricieradel, und andre wichtige Personen in den Capiteln erhalten werden sollten, nur auf solche Capitel deuten, in welchen noch zur Zeit des Westphälischen Friedens Collegialschlüsse, oder Observanz zu ihrem Vortheile bestanden.

Ich kann es nicht anders deuten, auch wenn ich die Ausnahme, *ubi id fundationibus non adversatur,* auf gleiche Weise in dem natürlichsten Wortverstande nehme. In den Capiteln, wo Patricier, Doctoren u. d. g. Statuten und Observanz auf ihrer Seite hatten, sollen keine gegenseitige Statute gemacht, keine gegenseitige Observanz eingeführt werden, in den Capiteln, wo es den Fundationen nicht entgegen wäre. Was war hiemit wohl anders gesagt, als, wenn gleich Statute, oder Observanz die Patricier und Doctoren begünstigten, so sollten dennoch die Capitel befugt seyn, gegenseitige Statute zu machen, eine gegenseitige Observanz einzuführen, wenn die erste Bestimmung der Güter, oder der hinzugekommenen Präbenden den Uradel allein zum ausschließenden Besitze berechtigen würde. Wäre diese Ausnahme aus der tiefsten gesetzgeberischen Weisheit geflossen, so könnte sie nicht besser an ihrem Orte seyn. Gesetzgeberische Weisheit schont die Meynungen des Volkes, so wie der einzelnen Stände, ohne ihrem Eigensinne zu viel nachzugeben; sie arbeitet ihnen entgegen, vernichtet ihre Folgen, und macht sie unschädlich, indeß das Volk, indeß die einzelnen Stände des Volkes wähnen, der Gesetzgeber habe diese Meynungen respectirt, und sie zum Grunde einer Entscheidung genommen. Dieser Geist ist sichtbar in dieser Stelle des Osnabrückischen Friedens, ist sichtbar in dieser Ausnahme. War doch das Mährchen von der ursprünglichen Stiftung der Domcapitel für den Adel schon lange gäng und gebe geworden; Ward es doch eben so warm von Privatschriftstellern, als in Staatsschriften vertheidigt: Wie decretorisch berufen sich die protestantischen Grafen und Herrn auf die ursprüngliche Bestimmung der Capitelischen Güter, und wie unbefangen schildern sie die Erz- und Domcapitel wie Seminarien des Adels, in welchen man einen Theil seiner Söhne versorgen könnte? Kaum waren einige Jahre verflossen, so erschien der gesammte Adel gleichfalls mit einem Plane zur gänzlichen Ausschließung des Unadels im Angesichte des Reichs, dessen Vordersatz wieder ursprüngliche Bestimmung der Capitelischen Güter für den Adel war. Wohl mochten es die Paciscenten zu Osnabrück eingesehen haben, daß es mit den ersten Fundationen und mit der Frage, ob sie für den Adel allein errichtet wären, nicht so richtig stünde, als sich der Adel schmeichelte. Wenigstens mußten sie voraussehen, daß vielleicht kein einziges Stift, in welchem doch Adel und Unadel wäre, so leicht mit einem Beweise der ursprünglichen Fundation für den Adel allein aufkommen würde. Allein es war doch gemeine Sage, es war Meynung des gesammten Adels und Meynung frommer und gelehrter Schriftsteller. Würden also die Paciscenten den Erz- und Domcapiteln, in welchen sich noch Patricier, Doctoren u. d. g. befunden hatten, so gerade zu das Recht entzogen haben, durch künftige Schlüsse oder Observanz dem Adel allein ein Platzrecht zu ertheilen, so hätte es das Ansehn gewonnen, als setzten sie sich über alle Fundationen hinweg, und wollten dem Adel recht geflissener Weise die heiligsten und ehrwürdigsten Rechte entziehen. Diese Hintansetzung aller Delicatesse darf man den Paciscenten zu Osnabrück nicht zutrauen. Auch diejenigen Capitel, welche zum Vortheile der Patricier, Doctoren oder anderer tüchtigen Personen Schlüsse gemacht hatten, oder in welchen dieselben durch Observanz geschützt waren, sollten für die Zukunft, gegenseitige Schlüsse zu machen, und eine gegenseitige Observanz einzuführen berechtiget seyn, falls sie erweisen könnten, daß sie nur für den Uradel gestiftet wären. Auf diese Art erreichten die Paciscenten zu Osnabrück so unvermerkt ihren Zweck, und retteten die Rechte des Adels, oder ließen vielmehr den Wahn desselben ungekränkt, als wären alle Erz- und Domcapitel für den Uradel allein gestiftet.

Allein es drängen sich gegen diese Deutung eine Menge Einwürfe. Ich will es versuchen, dieselbe zu heben. Der Westphälische Friede soll nun einmal durchaus nicht die künftigen Besitzrechte aus dem damaligen Besitze fixirt haben; — denn, wie hätten die Paciscenten, sie, die sonst gerade, wenn sie einen Normalbesitz fixiren wollten, Jahr und Tag chronologisch genau angaben, hier so höchst unbestimmt schreiben können (i)? Allein, mich dünkt, die Paciscenten schrieben nicht so unbestimmt, als es scheint. Wo noch Statute oder Observanz zum Vortheile des Patriciats oder Unadels bestanden, da sollten keine gegenseitige Statute gemacht, keine gegenseitige Observanz eingeführt werden. Aber wie sollte man rechnen? Sollte man vom Jahre 1647, da dieser Artikel berichtiget worden, oder vom Jahre 1648, da endlich der volle Friede zu Stande kam, das neue Regulativ anrechnen; — Soll es die erstere oder letztere Hälfte dieser Jahre, sollen es Monate des geschlossenen Artikels, des geschlossenen Friedens seyn, oder vielleicht genau der Tag auch? — All' diese Fragen sind unnöthig. Wenn der Friede, nicht das Jahr oder den Tag festsetzet, nach welchem die Gültigkeit oder Ungül-

---

(i) Sp. l. c. S. 439.

tigkeit eines Besitzes beurtheilt werden soll, so ist es das Jahr, so ist es der Tag, an welchem man sagen konnte, der Friede ist nach allen seinen Artikeln, von allen seinen Interessenten beliebt, oder feyerlich genehmiget worden. Ueber das Jahr und den Tag also konnten, wie mich dünkt, keine Streitigkeiten entstehen: Und wie hätten sie auch entstehen sollen? Nach dem, was ich in dem vorigen Capitel gezeigt habe, kann ich dreust behaupten, daß kein einziges Capitel Teutschlands so kurze Zeit vor dem Westphälischen Frieden erst Statute gegen das Patriciat, Doctorat, oder andre tüchtige Personen gemacht habe? Die Doctoren besonders, welche noch in verschiedenen Capiteln in ziemlicher Anzahl vorhanden waren, und dem Uradel, zumahl da er gerade in den Stiftern, in welchen sich noch Doctoren befanden, nicht so gar mächtig war, das Gleichgewicht halten konnten, hatten Mittel und Wege genug in Händen, dergleichen Statute zu verhindern, und die etwa vacanten Stellen mit neuen Doctoren zu besetzen. Die Unzulänglichkeit Un Innern der Capitel, den Unadel auszuschließen, veranlaßte zwar den gesammten Adel, beym käiserlichen und päbstlichen Hofe die Ausführung ihres durch eigene Kräfte unausführbaren Ausschließungsplanes durchzusetzen. Allein der Adel fand kein Gehör, die

Statute blieben, und mit ihnen der Unadel in den Capiteln. Was die Reichsritterschaft in den Jahren 1609 und 1610 gethan, war keine neugewagte Ausschließung des Unadels, sondern ein feyerlicher Vertrag, wodurch sie sich anheischig machten, für einen Mann zu stehen, wenn man den in ihren Cantonen gelegenen Capiteln gegen ihre feyerlichsten Schlüsse, und ehrwürdigsten Gewohnheiten Männer aus dem Unadel aufdringen wollte. Bey dieser Lage der Sachen war also selbst bey einer völligen Unbestimmtheit eines Normaljahrs, oder Normaltages keine Streitigkeit zu befürchten.

Aber, wenn jene Erhaltung in den Capiteln nur Fixirung künftiger Besitzrechte aus dem damaligen Besitze seyn soll, wie konnte nebst dem Patriciatadel, und dem Doctorat auch für andre tüchtige Personen gesorgt werden? "Wo war damals "ein Mann in irgend einem teutschen Domca"pitel, der ohne Adel, ohne Patriciat und ohne "ein Facultätendiplom zu haben, doch Domherr "gewesen wäre (k)?" Allein, wie kann man erweisen, daß damals in keinem teutschen Domcapitel ein solcher Mann gewesen sey? Erhielt doch Johann Todeschinus mitten im drey

---

(k) l. c. S. 439—440.

sigjährigen Kriege, eine päbstliche Provision auf
ein Canonicat, die Dechaney der Cathedralkirche
zu Trient, und eine Pension von 100 Ducaten,
ein Mann, dem die Geschichte weder den Adel bey=
legt, noch das Doctorat (l.)? Ob der Mann die
Dechantsstelle, oder die hundert Ducaten Pension
erhielt, weiß ich nicht, denn das Capitel setzte sich
dagegen, und wurde von dem Reichshofrathe unter=
stützt; indessen ist dies doch ein Beweis, daß man
noch kurz vor dem Westphälischen Frieden Ver=
suche machte, auch Männer in die Domcapitel zu
bringen, die weder Adel noch Doctorat hatten. Aber
noch 1648. war in dem Domcapitel zu Costanz ein
hochgelehrter Auditor der heiligen Rota, mit Namen
Prutinger oder Leonhard Pappus (m).
Kein D und kein Von, Buchstaben, welche man
in diesen Zeiten nie vergaß, wenn man ein Recht
auf dieselben hatte, zierte seinen Namen, als ihn
das Domcapitel bey dem Reichshofrathe wegen einer
Prätension auf Früchte verklagte, welche er nicht
durch persönliche Residenz verdient hatte. Und doch
wollte das Capitel dem ehrsamen Leonhard Pap=
pus seinen Titel geben: Es nennte ihn auditor

(l) Moser Abhandlung verschiedener Rechtsmaterien,
    Stück XV. S. 569—572.
(m) Moser l. c. p. 464.

rotæ. Ob nicht in andern Capiteln noch Männer ohne Adel und Facultätendiplomen waren, Männer, die auch ohne Adel und Facultätendiplomen nicht weniger ihrer Aemter und ihrer Gelehrsamkeit wegen verdienten, in den Capiteln zu seyn, weiß ich nicht. Indessen waren gleich dieser tüchtigen Männer nicht so viele in den Capiteln zur Zeit des Westphälischen Friedens, als etwa Doctoren, so muß man bedenken, daß es ausser den Doctoren nicht sogar viel tüchtige Männer mochte gegeben haben, zumahl da es eine sehr leichte Sache um die Erhaltung des Doctorsdiploms geworden war. Genug, daß sich bis zur Zeit des Westphälischen Friedens in einigen Stiftern noch Statute oder Gewohnheiten erhalten haben mochten, vermöge welcher nebst dem Adel und Doctorat auch andre tüchtige Männer aufgenommen werden konnten. Mir sind von Trident, von Brixen, von Chur und Freisingen keine vor dem Westphälischen Frieden gemachte Statute bekannt, wodurch sie, wie viele andere Stifter, dem Adel und Doctorat allein das Platzrecht in ihren Capiteln versichert hätten; — Sollten in diesen Capiteln zur Zeit des Westphälischen Friedens nicht Männer gewesen seyn, die weder Adel noch ein Facultätendiplom hatten? und waren gleich keine in denselben, sprachen die Paciscenten, nicht consequent, wenn sie verlangten, daß in Capiteln, wo nebst dem Adel und den Doctoren noch andere tüchtige Männer vermöge der Statute oder einer alten Observanz aufgenommen werden könnten, zur Ausschließung dieser tüchtigen Männer keine gegenseitige Observanz eingeführt werden sollte? Wohl sprachen Sie consequent: und irrt der europäische Herold nicht, so können noch bis auf den heutigen Tag, in Freißigen und Chur nebst dem Adel, und den Doctoren auch sonst gelehrte Männer bürgerlichen Standes aufgenommen werden (n). Wer aber die aliæ personæ qualificatæ waren? Wer anders, als etwa geistliche Räthe, verdiente Seelsorger, vielleicht gar Cardinäle, und Bischöffe in partibus, und — was der ehrsame Leonhard Pappus war, Auditoren der heiligen Rota. Ob aber unter dieser so allgemein gefaßten Classe nicht auch natürliche Söhne großer Herren verstanden wurden, wie Herr Spittler vermuthet? Es mag seyn: Freylich hatten die meisten Capitel Statute gegen die unehlichen Kinder gemacht, Statute, welche ungemein mit dem Geiste der ganzen teutschen Verfassung, und dem allgemeinen Hasse gegen die sogenannten Bastarde harmonirten. Die römischen Päbste be-

---

(n) T. L. S. 361 bis 379.

günstigten dikselbe, soviel möglich und wollten nicht, daß das Ansehen der Domkirchen durch Leute befleckt würde, die aus schändlichen Verbindungen erzeugt wären. Die Statuten des Domcapitels zu Worms sind namentlich, und dazu mit vieler Emphase sogar gegen die natürlichen Kinder der Kaiser und Fürsten gerichtet. Allein es ist doch nicht zu läugnen, daß Georg, der natürliche Sohn Maximilian I. Bischof zu Brixen war (o); und daß Franz Wilhelm, Graf von Wartenberg ein natürlicher Sohn des Herzogen Ferdinand von Bayern eine Domherrnstelle zu Regensburg und Freisingen begleitete, ja sogar im Jahre 1625 Bischof zu Osnabrück wurde (p). Waren also in einem oder dem andern Capitel die natürlichen Söhne großer Herrn nicht durch Statute ausgeschlossen, sondern waren vielmehr Observanz und Gewohnheiten für ihre rechtmäßige Domherrnexistenz entschieden, so zweifle ich nicht, daß der Westphälische Friede auch sie unter der dritten, so allgemein ausgedrückten Classe verstanden habe. Doch es mag uns sehr gleich gelten, wie all' die Arten und Unterarten heißen mögen, welche

---

(o) I. L. Levin Gebhardi in der historisch-genealogischen Erläuterung der Lohmeiersch. Stammtafeln S. 34.

(p) D. Köhler Münzbelust. Th. XI. S. 27.

die Paciscenten unter dieser Gattung begreifen wollten. Der Einwurf wenigstens, der gegen meine Meynung von der behaupteten Abwesenheit solcher Personen hergenommen war, ist, wie mir scheint, entkräftet.

Noch wichtiger, als die bereits angeführten Zweifel, scheint der Einwurf zu seyn, zu welchem die von den Paciscenten gebrauchte Ausnahme „*ubi id fundationibus non adversatur,*" die Veranlassung gab. „War's denn in jenen Zeiten, da sie zu „Osnabrück Friede schlossen, war's auch nur gedenk„bar, war je auch nur ein Fall vorgekommen, daß „in irgend einem Domcapitel, das auch nur muth„maßlich allein für den Uradel gestiftet war, daß „Patricier und Doctoren Zutritt verlangt hatten? „Wozu also die feyerliche Ausnahme (q)?" Allein, daß irgend in einem Domcapitel, das für den Uradel allein gestiftet war, die Doctoren und Patricier den Zutritt verlangt, oder gar noch Sitz und Stimme in denselben gehabt hätten, das sollten und konnten die Paciscenten auch nach meiner Erklärung nicht voraussetzen. Mit der ursprünglichen Stiftung der Domcapitel für den Adel ist es so eine eigene Sache. Ich habe mein Glaubens-

(q) S. S. 138.

bekenntniß in Rücksicht derselben bereits abgelegt. Weder die ersten Stiftsgüter, noch die hinzugekommenen einzelnen Pfründen wurden der Regel nach für den Adel allein gestiftet. Ob die Paciscenten zu Osnabrück diese schwache Seite der Domcapitel so deutlich einsahen, weiß ich nicht. Vermuthen aber kann ich, es denn doch, daß die hochweisen Herren Doctoren nicht fremd in diesem Stücke gewesen waren. Und waren sie es nicht, so mußten sie freylich wissen, daß die Ausnahme, welche sie hinzusetzen, nicht eben in so gar vielen Fällen die Regel unanwendbar machen würde. Da sie indessen den Patriciern, Doctoren und andern tüchtigen Personen eine ewigwährende Existenz in solchen Capiteln versichern wollten, wo sie vermöge der Statute oder einer Gewohnheit noch wirklich vorhanden waren, und nur da eine Ausnahme gestatteten, wo etwa die ursprüngliche Stiftung den Uradel allein begünstigte, so dachten sie sich hiebey nichts weniger, als den Fall, daß in Capiteln, welche für den Uradel allein gestiftet worden wären, noch wirklich Unadel vorhanden wäre. Alle Capitel Teutschlands, wie bereits gezeigt worden ist, stellten den Satz auf, als wären sie allein für den Uradel gestiftet, und glaubten aus diesem Satze ihr vollkommenes Recht erweisen zu können, allen Unadel

auszuschließen. Dieser allgemein angenommenen
Meynung wollten die Pacifcenten nicht geradezu
widersprechen, sondern den Capiteln eine Quelle
ihrer Rechte offen lassen, auf welche sie sich soviel
zu gut thaten: Konnten sie beweisen, daß ihre
Fundation nur auf den Uradel allein gieng, so
sollten sie ohngeachtet der Statute und Gewohnheiten, welche zu Gunsten des Unadels noch wirklich bestanden, dennoch befugt seyn, durch gegenseitige Statute und Gewohnheiten denselben auszuschließen. Sie nahmen also keine Rücksicht
darauf, ob etwa noch wirklich Unadel in Capiteln
vorhanden wäre, welche für den Uradel allein
gestiftet waren; sondern legten bloß bey dieser Ausnahme einen Beweis der Delicatesse zu Tage, mit
welcher sie die vermeyntlichen Rechte des Adels,
sollten sie auch nur auf bloße unerweisbare Meynungen gegründet seyn, verwahren wollten.

Aber „wenn sie bloß weitere Ausschließung„
„hätten verbieten wollen, offenbar hätten sie schreiben müssen: *non magis, quam hactenus,* oder
non plures, quam hactenus excludantur, sed in
iis conserventur (r). Sie hätten offenbar so sagen müssen? Das sehe ich nun nicht ein; wozu

---

(r) Sp. S. 440

das non magis, quam hactenus, wenn das Wort Erhaltung, dessen sich die Paciscenten bedienten, schon offenbar einen Bezug auf die Fortdauer eines gegenwärtigen Zustandes hat. Ich kehre vielmehr das Argument gegen meinen Gegner. Hätten die Paciscenten nebenher in Erinnerung bringen wollen, daß es nichts neues und neuhergebrachtes sey, wenn auch graduirten Personen ein freyer Zutritt gestattet werde, so hätten sie offenbar schreiben müssen: *non magis, quam olim excludantur, sed potius in iis conserventur.* So uneigentlich auch hier das Wort conserventur gestanden wäre, so würde doch durch den Zusatz, ut olim, der uneigentliche Ausdruck etwas gemildert, und noch eher auf den ehemaligen Zustand aller Capitel zu erklären gewesen seyn. Und dann, wann auch die Paciscenten den Zusatz, non magis, quam hactenus beliebt hätten, so hätten sie halt, wenn ich das höchste zugeben will, sich etwas deutlicher ausgedrückt, und keinen Pleonasmus der Deutlichkeit zu Liebe begangen. Denn wer sieht es nicht ein, daß, wenn sie geschrieben hätten, non magis, quam hactenus excludantur, der Satz, sed potius in iis conserventur, überflüßig gewesen wäre.

Aber Herr Spittler bringt noch einen andern Zusatz in Vorschlag, dessen sich die Paciscenten hätten bedienen sollen, wenn sie den damaligen Besitz zur Richtschnur hätten nehmen wollen; sie hätten schreiben müssen, non plures quam hactenus excludantur. Allein dieser Zusatz würde offenbar gegen die Gesinnungen der Pacisсenten gelaufen seyn. Wenn sie den damaligen Zustand der Domcapitel für eine Norm künftiger Rechte annahmen, so waren sie weit entfernt, die damalige Anzahl der Patricier, Doctoren und andrer tüchtiger Personen gleichfalls zu einer Norm für die künftige Anzahl derselben zu erheben. Vor dem Westphälischen Frieden ist mir, Cölln ausgenommen, auch nicht Ein Statut bekannt, wodurch eine bestimmte Anzahl von Doctoren in einem Capitel beliebt worden wäre; In allen Statuten ist vielmehr die Aufnahme des Adels und der Doctoren durch einen disjunctiven Satz ausgedrückt worden: der Candidat nemlich sollte entweder eine bestimmte Anzahl von Ahnen erweisen, oder sich mit einem Doctorsdiplome legitimiren. In andern Stiftern, wo man selbst nicht einmal zum Vortheile der Doctoren ein Statut gemacht hatte, konnte in der Ausübung eben diese Disjunction zum Grunde gelegt worden seyn, vermöge welcher entweder ein Mann aus dem Adel, oder ein andrer tüchtiger Mann aus dem Unadel aufgenommen werden konnte. Man konnte also bey weitem nicht sagen, — so viel Doctoren u. s. w. 1648 in einem Domcapitel waren, so viel müssen auch auf immer darinn bleiben. Wohl aber, wo 1648 vermöge der Statute oder Gewohnheiten, Doctoren u. s. w. waren, da sollen sie auf immer in denselben erhalten, folglich durch gegenseitige Statute, oder Gewohnheiten in Zukunft nicht ausgeschlossen werden. Mit den Doctoren in Cölln, als deren Anzahl schon vor dem Westphälischen Frieden auf acht gesetzt worden ist, hat es ohnedem seine besondere Bewandniß. Die Stiftung von sechs Priesterpräbenden verliert sich tief in das Alterthum. Cardinal Branda, der sogenannte Reformator der teutschen Kirche vermehrte dieselbe durch Unterdrückung der Currentpräbenden mit zwey, und foderte von den Domherren, welche diese Präbenden erhalten würden, Priesterthum und Doctorat, bis endlich Friedrich III. und Sixt IV. im Jahre 1474 auf immer sowohl die 6 Priester, als die beyden neugestifteten Präbenden für die Doctoren allein bestimmten (s). So sehr sich auch schon der Reformator Branda bemühte, eine völlige Gleichheit zwischen den Priester- und andern Präbenden herzustellen, so unterscheiden sich denn doch die Hoch-

---

(s) Würdtwein subs. dipl. T. III. p. 95. und 385.

adelichen Domherren zu Cölln von den Doctoren, sowohl in der Kleidung, als Benennung. Die Doctoren sieht man nie unter den sogenannten Domgrafen im Chore, oder der Capitelsstube vermischt, sie formiren so zu sagen ein besonderes Corps, und sind, soviel mir bekannt ist, nicht fähig, zum Erzbisthume zu gelangen. Vielleicht trug die Bestimmung der Anzahl zu dieser Art von Absonderung in dem Domcapitel zu Cölln vieles bey. In andern Capiteln kenne ich, wie gesagt, kein Statut, wodurch die Anzahl bestimmt worden wäre. Wenn also die Paciscenten zu Osnabrück nur allein Rücksicht auf die damaligen Statute und Gewohnheiten nahmen, so konnten sie allerdings den damaligen Zustand der Domcapitel zur Norm annehmen, ohne gerade eine bestimmte Anzahl festsetzen zu wollen. Neuere Schriftsteller erwähnen erst eine bestimmte Anzahl von Domherren, ohne daß ich jedoch ihre Nachrichten verbürgen möchte. Gewöhnlich zogen sie dieselbe von dem wirklichen Verhältnisse der Doctoren und des Adels in den Domcapiteln ab, und da dasselbe sich zu verändern pflegte, so lieferten sie auch öfter widersprechende Nachrichten. Wenn gegenwärtig nur zwey Männer, der Domdechant, Baron von Strehl, und der geistliche Rathsvicepräsident Herr Indobler, unter der Firma des

Doctorats Sitz und Stimme in dem Capitel zu Freysingen haben, wer würde schließen wollen, daß nicht mehr, als zwey Doctoren Sitz und Stimme in dem Capitel zu Freysingen haben können, da das Platzrecht für mehrere offenbar entschieden ist (1). Und so möchte etwa noch in mehrern Stiftern die Anzahl der Domherren aus dem Adel und Unadel unbestimmt seyn, wie mich Privatnachrichten von den Domcapiteln zu Augsburg und Regensburg versichern wollen. Hiemit glaube ich also die Unthunlichkeit des Zusatzes: non plures, quam hactenus, gezeigt, und zugleich den Grund angegeben zu haben, warum die Pacifcenten sich desselben nicht bedienen wollten.

So deutlich mir der bisher angegebene Sinn in den Worten zu liegen scheint, deren sich die Pacifcenten bedienten, eben so unverkennbar liegt er in den Friedensverhandlungen; — In den Friedensverhandlungen, welche Herr Spittler so scharfsinnig zum sichtbar großen Gewinne des Unadels, und zum sichtbar größten Nachtheile des Uradels zu deuten sucht. Freylich wohl zum sichtbar großen Gewinne des Unadels, und zum sichtbar größten Nachtheile des Adels in Stiftern, wo damals der

---

(1) Geschriebene Nachrichten aus Passau.

Unadel noch durch Statute und Gewohnheiten geschützt war, können und müssen die Friedensverhandlungen gedeutet werden. Der ganze Gang der Friedensverhandlungen, die Uebereinstimmung der beyderseitigen Finaldeclarationen, endlich selbst das so von Ohngefähr hinweggekommene „& consuetudini" lassen sich allein auf die Erhaltung der Patricier, der Doctoren und andrer tüchtiger Personen in denjenigen Capiteln deuten, in welchen sie noch ein statuten = und observanzmäßiges Platzrecht hatten, nicht auf die Aufnahme derselben in alle Capitel, in Capitel, aus welchen sie lange schon durch Statute, oder durch Observanz ausgeschlossen waren. Wie so deutlich der Gang der Verhandlungen meine Meynung erläutert! War doch der erste Entwurf der Evangelischen, bey welchem man bekanntlich seine Prätensionen so hoch als möglich spannt, um im Verfolge derselben desto mehr nachgeben zu können; war doch der erste Entwurf der Evangelischen so gelinde. Augenscheinlich hatten die Evangelischen den Plan im Sinne, welchen die noch mit Patriciern, Doctoren und andern qualificirten Personen besetzten Erz = und Domcapitel nur erst zur Ausschließung derselben gemacht hatten; augenscheinlich hatten sie die Gründe im Sinne, welche dieselben zur Unterstützung und Durchsetzung ihres Plans gebraucht hatten, nemlich, daß die Capitel ursprünglich für den Adel allein gestiftet wären; — Um deßwillen reden sie nur von etlichen hohen Stiftern, um deßwillen läugnen sie, daß die ursprünglichen Fundationen den Unadel allein begünstigten, um deßwillen machten sie gerade den entgegengesetzten Schluß für die Beybehaltung der Patricier, Doctoren und anderer qualificirter Personen. — Der Grund, warum so viele Stifter auf die Ausschließung derselben drangen, fiel nach der Meynung der Evangelischen weg, folglich mußte auch ihre Prätension wegfallen. Bey dem ersten Entwurfe also, welchen die Evangelischen machten, hatte man offenbar nicht alle Erz- und Domstifter, sondern nur diejenigen vor Augen, „aus welchen „adeliche Geschlechter in Städten, Doctores und „andre qualificirte Personen ausgeschlossen werden „wollen" (u). Ausgeschlossen werden wollen! Was konnte deutlicher, was überzeugender die Gesinnung der Evangelischen darthun, als diese Periode. Sie wollen ausgeschlossen werden, d. h. man machte Versuche, sie auszuschließen, schloß sie noch nicht wirklich aus, sondern wollte sie nur ausschließen. Diese Versuche, diese Plane wollten die

---

(u) Mejern Th. III. S. 163.

Evangelischen vernichten, sie wollten sie vernichten, weil sie so ganz ohne Grund auf ursprüngliche Stiftungen gestützt waren, welche doch nichts weniger als den Uradel allein begünstigten.

Wenn aber der erste Entwurf, bey welchem man seine Foderungen am höchsten spannt, gerade nichts mehr und nichts weniger enthielt, als daß die Patricier, die Doctoren und andre qualificirte Personen aus denjenigen Stiftern nicht ausgeschlossen werden sollten, in welchen sie noch eine observanz- und statutenmäßige Existenz hatten, daß sie nicht ausgeschlossen werden sollten, weil doch der Grund, warum man sie ausschließen wollte, so unerweisbar, so nichtig wäre: so sollte man schon, ohne den weitern Verlauf der Tractaten einzusehen, beynahe a priori schließen, daß die Paciscenten nie darauf hätten verfallen können, ihr Ultimatum auf alle Stifter zu richten. Wohl verfielen sie auch nie auf so ein widersprechendes Ultimatum.

Graf Trautmannsdorf, so gerne er vielleicht in allen Capiteln Teutschlands dem Uradel allein das Platzrecht zu Stande gebracht hätte, sah sich gezwungen, bey der damaligen Lage der Sachen nachzugeben. Aber Trautmannsdorf, der, wie Spittler sagt, nie ganz gab, und nie ganz nahm, fand manches zu hart in diesem Vorschlage. Ihm schien es zu hart, daß man so geradezu den Stiftern Teutschlands absprechen wollte, als seyen sie für den Uradel allein gestiftet. Vielleicht mochte er auch, selbst aus dem Uradel, wohl gewähnt haben, als seyen noch manche Stifter Teutschlands ursprünglich zum Vortheile des Uradels fundirt. So überzeugt er also gleich gewesen seyn mochte, daß man protestantischer Seits schwerlich von der einmal erregten Idee der Fundationen abgeben würde, so glaubte er doch eine Milderung im Ausdrucke, eine etwaige Verwahrung der Rechte für solche Stifter, die vielleicht für den Uradel allein gestiftet seyn möchten, zu Stande bringen zu können. Was war hier klüger ausgedacht, als das gänzliche Stillschweigen von den Fundationen. Wenn er von seiner Seite von den Fundationen gar nichts wissen wollte, so war zu erwarten, daß die Protestanten, um sich seinem Vorschlage zu nähern, in Rücksicht des Ausdrucks etwas nachgeben würden. Er schwieg also gänzlich von den Fundationen, und lenkte alles auf Herkommen und Sitte. Nur mußte er eine Formel erfinden, in welcher das Wort Fundation bequemer und dennoch ganz unschädlich eingeschaltet werden konnte. Dem Grafen Trautmannsdorf und seinem Gehülfen D. Isaak Vollmar konnte es nicht an einer

Formel fehlen, und siehe da: sie schlugen vor: „daß Patricii und Doctoren in den Stiftern, in „welchen solches Herkommen, mit aufgenommen wer- „den". (w). Wie bequem und wie doch so unschäd- lich ließ sich hier das Wort Fundationen einschal- ten, man durfte ja nur sagen, „in welchen solches „dem Herkommen und den Fundationen gemäß." Und schrieb, oder sagte man so, so war das Recht derjenigen Stifter gerettet, welche etwa einen Beweis von der ursprünglichen Stiftung derselben für den Uradel hätten führen können. Noch ein andrer Punct mißfiel dem Grafen in dem Vorschlage der Protestanten, nemlich, daß man auch andere quali- ficirte Personen in den Stiftern erhalten sollte. Vermuthlich wußte der Graf nicht, was er aus diesen andern qualificirten Personen machen sollte, und wie sollte er auch wissen, ob in Constanz, oder Basel, in Brixen, oder Freisingen Statute oder Gewohnheiten sich befänden, vermöge welcher auch Personen ohne Uradel, Patricienwürde, oder Doctordiplome Anspruch auf Capitelstellen machen könnten? Oder, wie hätte man dem Grafen zumu- then sollen, daß er den Auditor der heiligen Rota, den ehrwürdigen Leonhard Pappus, oder sonst

---

(w) Mejern l. c. III. 187.

andere unadeliche und ungraduirte Domherren kenne: kurz, die dritte Classe schien ihm entweder überflüßig, oder doch ohne hinlänglichen Grund von den Protestanten in Vorschlag gebracht zu seyn; er übergieng sie also, wie wir bereits gesehen haben, gänzlich in seinem Vorschlage.

Mit den Fundationen gieng alles nach Wunsch; die Protestanten legten Trautmannsdorfs Vorschlag in ihrer Replik zum Grunde. Sie redeten nicht mehr von den Versuchen des Adels, wie von fundationswidrigen Neuerungen, sondern milderten die Ausdrücke, wie es nur immer der staatskluge Graf hatte erwarten können. Wenn der Graf nur geradezu die Aufnahme der Doctoren festgesetzt wissen wollte, so glaubten es die Protestanten noch deutlicher, noch emphatischer ausdrücken zu müssen, und setzten, „es soll hinfürter fleißig darauf „gesehen werden," (x) daß u. d. g. wenn der Graf die Rechte der Patricier und der Doctoren hinlänglich damit gesichert zu seyn glaubte, daß er das Herkommen zur ewig entscheidenden Norm für die Zukunft aufstellte; so wollten und konnten sie ihm nicht widersprechen, denn auch sie hatten in ihrem Vorschlage dasselbe vor Augen gehabt, indem

---

(x) Mejern l. c. S. 333

sie nur von etlichen hohen Stiftern sprachen; aber die einmal beliebte Idee von den Fundationen wollten sie nicht aufgeben, und nahmen das Herkommen und die Fundationen zugleich zu Normen an, „den Fundationen und Herkommen gemäß „sollten sie in den hohen Stiftern erhalten, und „nicht davon ausgeschlossen werden." Hiemit war man catholischer und protestantischer Seits einig. Wo zur Zeit des zu Stande gebrachten Westphälischen Friedens die Doctoren u. d. g. eine observanz- und fundationsmäßige Existenz hatten, da sollten sie erhalten und nicht ausgeschlossen werden; Wo aber das Herkommen oder die Fundation denselben entgegen seyn würde, da sollten die hohen Stifter befugt seyn, sie auszuschließen. Gewinn genug für Trautmannsdorf. Aber, daß die Protestanten nicht von der Aufnahme der anderen tüchtigen Personen abgehen wollten, ja sogar vier Classen von Candidaten, nämlich den Adel, Geschlechter, oder graduirten Stand, wie auch sonst qualificirte Personen erwähnten, hievon wollte man catholischer Seits nichts wissen. Den Zusatz von den Fundationen konnte man sich endlich gefallen lassen, denn er schadete einmal nichts, und war doch eine Lieblingsidee der Protestanten, welche sie um so weniger fahren lassen wollten, je mehr sie sich überhaupt auf die Wiederherstellung des ältern und reinern Zustandes der Christenreligion zu gut thaten; Aber von so vielen Arten und Classen der Domherren wollte man nichts wissen. Wer weiß, was man sich hiebey für bedenkliche Folgen dachte. Es konnten noch in manchen Stiftern keine besondere Statute zu Gunsten des Adels, des Doctorats und edlen Patriciats vorhanden seyn. Der Name Patriciat war allgemein; es gab stiftsmäßiges und nicht stiftsmäßiges Patriciat. War das letztere weder durch das Herkommen, noch durch die Fundation bisher von einigen Stiftern ausgeschlossen worden, da hätte wohl auch der Patricier, der längst durch Kaufmannschaft und Handwerker, oder durch Misheyrathen seinen Adel befleckt hatte, ein Platzrecht in den Capiteln gehabt. Die Benennung der andern tüchtigen Personen war noch allgemeiner. Wer weiß, was man sich hierbey für bedenkliche Folgen gedachte; die Patricier, zumal, wenn sie ihre Ahnen zu beweisen verbunden seyn sollten, und die Doctoren ließen sich noch in den Capiteln gedulten. Von wenigen Patriciern ließ sich erwarten, daß sie mit ihrer Ahnenprobe aufkommen würden, und die Doctoren waren doch einmal durch das Herkommen in dem Besitze ihres Platzrechtes geschützt. Aber gar noch andre qualificirte Personen! Was konnte man unter diesem Schilde nicht für Leute in die Capitel bringen? Vorausgesetzt, daß in mehrern Capiteln keine Anzahl für den Uradel, die Doctoren, und die gehäßige andere qualificirte Personen festgesetzt worden war, so konnte man ahnden, daß etwa gar mit der Zeit der Uradel, welcher doch immer in den Stiftern mitten unter den Doctoren und Patriciern bisher die Oberhand gespielt hatte, von abgedankten Officieren und Invaliden, von Kammerdienern und Speichelleckern großer Herren u. d. g. verdrängt würde. Was konnte man unter diesem Schilde nicht für Leute in die Capitel bringen? Der Graf, welcher doch die Welt und ihren Lauf ein wenig kennen mochte, glaubte die vielen Empfehlungen und Protectionen von nichtswürdigen Günstlingen, von fremden Avanturiers und römischen Creaturen schon im Geiste vorauszusehen; er glaubte, die Domherrnstellen von diesem seinen Gesindel besetzt und teutsches Doctorat und Adel ausgeschlossen zu sehen. Darum eiferte er gegen diese andere qualificirte Personen, darum glaubte er nicht nachgeben zu können, bis man protestantischer Seits diese verhaßte Classe aus dem Vorschlage weggestrichen hätte. Also in Rücksicht des übrigen Theils war man catholischer und protestantischer Seits beynahe einig, nur stand man noch unentschlossen bey den Classen von Personen, welche durch den Frieden eine ewigwährende Existenz in den Stiftern haben sollten. Diese Urbereinstimmung in Rücksicht der Abfassung der ganzen Stelle, diese Uneinigkeit in Rücksicht der Personen, welche man evangelischer Seits in Vorschlag gebracht hatte, ergiebt sich augenscheinlich aus der vorläufigen Vereinigung zweyer wichtiger Männer der evangelischen Gesandtschaften, D. Varenbüler, und D. Wesembeck. Diese vorläufige Vereinigung hatte nichts weniger zum Zweck, als ein standhaftes Beharren bey dem einmal gebrauchten Worte der Fundationen, oder dem Bau der Periode, wie man ihn protestantischer Seits vorgelegt hatte; sie hatte nichts weniger zum Zwecke, als eine Berathschlagung, wie man etwa den Catholiken in diesem Puncte noch etwas nachgeben könnte. Nur vereinigten sie sich zuletzt, wenn man doch catholischer Seits den Artikel nicht nach dem Willen der Protestanten annehmen wollte, die Patricier und andere qualificirte Personen aus dem Concepte wegzulassen, „die Clausel aber wegen der vom Adel und graduirten Personen zu behalten." Wenn diese beyden Männer, die schon manches entschieden, manches schon vorbereitet hatten, augenscheinlich nur die Benennung der verschiedenen Personen für bestritten ansehen, wenn sie sich gefallen lassen, etwa die Patricier und andre qualificirte Personen aus dem Concepte wegzustreichen, wenn sie sich vereinigen, zuletzt auf der Clausel wegen der von Adel und graduirten Personen zu bestehen, so müßte doch hierüber wenigstens nur die wichtigste Controverse gewesen seyn.

Aber auch diese Controverse scheint in der Folge nicht so heftig betrieben worden zu seyn. Vermuthlich, denn was läßt sich hier anders, als vermuthen; vermuthlich erklärte man sich näher über die gewählten Ausdrücke. Vermuthlich machte man dem Grafen begreiflich, daß man unter den andern qualificirten Personen nicht sogleich Kammerdiener und Invaliden u. d. g. verstehen könne, daß der Zusatz „qualificirte Personen" hier alles entscheide, und daß bey all' der Allgemeinheit des Ausdrucks denn doch Niemand in die Capitel aufgenommen werden könne, als wer nach den Statuten qualificirt sey, z. B. geistliche Räthe, verdiente Seelsorger u. d. g. Vermuthlich wieß man ihn auf den Vorschlag selbst hin, in welchem all diese Personen nur dem Herkommen und den Fundationen gemäs in den Capiteln erhalten werden sollten; dem Herkommen gemäs, welches denn doch, wie ein oberflächlicher Blick in die Geschichte der Domcapitel zeigte, keine Invaliden und Kammerdiener begünstigte. Mit den Patriciern nahm man es gleichfalls nicht so strenge, und da ohnehin schon zwey wichtige Männer sich vorläufig vereinigt hatten, dieselbe nöthigen Falls gänzlich aufzugeben, so konnte man sichs um so mehr gefallen lassen, statt Patricier, adeliche Patricier zu setzen. Und weil man sich in diesem Puncte so nahe war, gieng alles so ruhig, und stille vorüber. Weil schon vor der Finaldeclaration nichts, oder wenig mehr auszugleichen war, glaubte Graf Trautmannsdorf, die etwa noch nöthige Ausgleichung seinem Collegen, H. D. Isaak Volmar überlassen zu können. Die Finaldeclaration geschah, und wie die Finaldeclaration der Evangelischen lautete, so lautete das Ultimatum der Kaiserlichen.

So ganz, wie die Evangelischen im Monate August 1646 sprachen, so sprach auch H. Johann Adler Salvius im Februar 1647. Die Patricier erhielten den Zusatz nobiles, übrigens waren noch zwey dem Ansehen nach unbedeutende Veränderungen angebracht, welche weiter nichts, als die Eleganz und Richtigkeit der Sprache, in welcher man schrieb, nothwendig zu machen schien; denn statt dem Herkommen und Fundationen gemäß, schrieb man *ubi id fundationibus, & consuetudini non adversatur*, und kehrte nur die Stellung der Wörter Erhalten und Ausschließen um. Das teutsche Concept schloß mit dem Worte Ausschließen; H. Johann Adler Salvius mit dem Worte Erhalten die Periode (y).

Mit einem Worte: In dem Ultimatum war man von beyden Seiten einig, daß nicht überall Patricier, Doctoren und andre qualificirte Personen erhalten werden sollten, da nicht mehr überall dergleichen Männer in denselben vorhanden waren, sondern nur da, wo sie dem Herkommen und den Fundationen gemäß noch eine rechtmäßige Existenz hatten.

Allein, so wie die Finaldeclaration der Evangelischen, und wie das Ultimatum der Kaiserlichen lautete, so lautete wider alles Vermuthen die Stelle des Westphälischen Friedens nicht. Statt; *ubi id fundationibus & consuetudini non adversatur*, hieß es nur noch; *ubi id fundationibus non adversatur*; das *& consuetudini* verschwand, ohne daß in den Verhandlungen selbst ein einziger Grund dieser Verschwindung läge. Herr Spittler meynt, noch dies einzige habe endlich eine freche Doctorshand hinweggestrichen, wahrscheinlich in boshafter

(y) Mejern T. III. p. 91.

unbemerkter Stille hinweggestrichen. Und diese freche Doctorshand war, wie ihm dünkt, keine andere, als die Hand des D. Isaak Volmar. Freylich wohl, wenn doch eine Doctorshand den Streich geführt haben soll, so war es die Hand des D. Isaak Volmar. Aber die Gründe für die Existenz einer solchen Taschenspieleroperation überzeugen mich nicht. — Soviel man auch dafür sagen könnte, und soviel auch H. Spittler wirklich dafür gesagt hat, so halte ich mich doch an die gemeine Exegetenregel, welche eine so violente, die Geradheit auf einer, und die Aufmerksamkeit der Paciscenten auf der andern Seite so tief herabsetzende Vermuthung nicht eher erlaubt, als alle andere Mittel, ein solches Phänomen zu erklären, vergebens versucht worden sind. Freylich eine sehr frostige Regel, gegen all die scharfsinnigen Bemerkungen, womit H. Spittler diese vermeynte Taschenspieleroperation beleuchtet. Aber sie muß denn doch einschlagen, wenn ich einen andern Grund dieser Verschwindung anzugeben im Stande bin. H. Doctor Isaac Volmar hätte wohl als vier und sechzigjähriger Staatsmann kein so großes Interesse bey der Wegstreichung dieses Wörtchens. Gesetzt, die Wegstreichung desselben hätte nun den vorigen Sinn zerstört, und den Doctoren in alle Capitel den Weg eröfnet, was hätte er gewonnen? Wie hätte es dem vier und sechzigjährigen Manne, wenn er auch alles von Hofrevolutionen zu fürchten Ursache gehabt hätte, wie hätte es ihm auch nur einfallen sollen, erst eine Domicellarstelle in einem Domstifte anzunehmen, oder wie wäre es eine sichere Versorgung gewesen für D. Isaac Volmar, erst einen Fall abzuwarten, in welchem der Kaiser das Recht der ersten Bitte ausüben könnte; — dann noch einige Carenzjahre ohne sichere Versorgung durchzuleben, hierauf erst Residenz zu machen, endlich mit der jüngsten Capitularpräbende, welche manchmal sehr kärglich zugeschnitten ist, vorlieb zu nehmen? Und wenn ihm doch mit einer Domherrnstelle hätte gedient seyn sollen, war denn wohl alles für D. Isaak Volmar verlohren, wenn si id fundationibus & consuetudini non adversatur, stehen geblieben wäre? Ich sollte es nicht denken. Gab es zu Cölln oder Freisingen, zu Costanz, oder Regensburg, zu Trient oder Basel u. d. g. nicht Präbenden genug? Hatte aber D. Isaak Volmar nicht soviel Interesse bey der ganzen Sache, um zu Beförderung desselben einen eben so gewagten, als niederträchtigen Streich zu begehen, so kann ich mich gleichfalls nicht überzeugen, daß eben dies Interesse die übrigen ehrsamen Doctoren verleitet habe, ihre Ehrlichkeit so aufs Spiel zu setzen, daß sie selbst ein bemerktes Falsum nicht hätten rügen sollen. Ich sage nicht, daß es viel zu willkührlich gegeben sey; wenn H. Spittler, am H. D. Jsaak Volmar eben so glücklich, als unbemerkt seinen Streich vollführen zu lassen, hier einen nicht durchmerken, dort einen zu spat kommen, oder gar recht schadenfroh lächeln ließ. Kurz, die schöne Hypothese von D. Jsaak Volmars Ueberlistung scheint im Ganzen gewagt und unwahrscheinlich zu seyn. Aber wie kam doch „& consuetudini" so unvermerkt hinweg? Es kam hinweg, weil es unschicklich da stand, weil es im Bezuge auf die Worte und den Bau der ganzen Periode einen unschicklichen Pleonasmus machte. Ob Volmar diesen Pleonasmus allein entdeckte, allein verbesserte, ob er Rücksprache mit Trautmannsdorf und den übrigen Gesandtschaften hielt, ob man nicht für gut fand, über die Wegstreichung des so überflüßig dastehenden „& consuetudini" ein besonderes Protocoll zu führen, weiß ich nicht. Es sey ihm, wie ihm wolle, & consuetudini, war in der Finaldeclaration der Evangelischen, wie im Ultimatum der Kaiserlichen ein wahrer Pleonasmus. Hätte man den Schluß der Evangelischen zu Langerich wörtlich übersetzt, so wäre „& consuetudini" ganz richtig gegeben gewesen. Da hieß es noch: Dem Herkommen und Fundationen gemäß; und da lag in dem Satze kein andrer Sinn, als: wo Adel, Geschlechter vermöge des Herkommens, vermöge der Fundationen in den Erz- und hohen Domcapiteln noch wirklich sind, da sollen sie, diesem Herkommen, diesen Fundationen gemäß, noch ferner in denselben erhalten und nicht ausgeschlossen werden. Nun behielt man alles aus diesem Schlusse in der Finaldeclaration bey, und setzte nur, statt den Fundationen und Herkommen gemäß: ubi id fundationibus & consuetudini non adversatur, und glaubte wohl dem teutschen Ausdrucke einen völlig synonymen Satz substituirt zu haben. Allein synonym war der Satz doch wirklich nicht. Wenn die Worte der in Frage begriffenen Stelle, wenn der Sinn der Paciscenten, wenn alle Verhandlungen, bis auf die Wegstreichung des unschuldigen Wortes, sich auf den damaligen Zustand der Domcapitel bezogen, so kann ich das Ultimatum der Kaiserlichen und die Finaldeclaration der Evangelischen nicht anders deuten, als:

„Wo noch Statute, oder Herkommen zum
„Vortheile der Patricier, der Doctoren und
„andrer tüchtiger Personen bestehen, da soll
„man sich Mühe geben, daß sie nicht durch

„gegenseitige Statute, durch gegenseitiges
„Herkommen ausgeschlossen, sondern vielmehr
„in denselben erhalten werden."
Nun setzten aber die Paciscenten die Ausnahme
hinzu: ubi id fundationibus & consuetudini non
adversatur. Also wo die Patricier u. d. g. vermöge des Herkommens in den Capiteln sind, da sollen sie erhalten werden, „ausgenommen wo es „dem Herkommen und den Fundationen entgegen „ist." — Wie widersinnig? Wie konnte man den Fall als Ausnahme anführen, welcher die Regel als aufgehoben, als nicht eintrettend voraussetzte? Wenn man die Patricier und Doctoren in den Capiteln erhalten wollte, wo es Herkommen war, so verstand es sich ja von selbst, daß man sie da weder erhalten konnte, noch wollte, wo es nicht Herkommen war. Wozu also diese Ausnahme? Richtiger und eben so treffend stand ohne das „& consuetudini" die Periode da. Wo es den Fundationen nicht entgegen, da sollen den Statuten und Herkommen gemäß die Patricier, Doctoren und andre tüchtige Personen nicht aus den Capiteln geschlossen, sondern vielmehr in denselben erhalten werden. Richtiger und eben so treffend stand die Periode da, ganz nach dem Wunsche des Grafen Trautmannsdorf, welcher die von der ursprüng-

lichen Fundation hergenommenen Gründe der Capitel entweder für wahr, oder es doch für billig hielt, denselben nicht so geradezu zu widersprechen. Die gebrauchten Worte: Ausschließen und Erhalten, zeigten hinlänglich den Willen der Paciscenten an, daß sie die damalige Lage der Domcapitel vor Augen hatten. Da sie nun sogar auch die damaligen Besitzrechte nicht für hinlänglich gelten ließen, wenn die Patricier, die Doctoren und andere Personen gegen die ursprünglichen Stiftungen in die Capitel gekommen waren; was konnte mehr für den Uradel gethan werden?

So dünkt mich, läßt sich die Verschwindung des „& consuetudini" ohne Hinterlistungen, ohne Voraussetzung von Niederträchtigkeit und Verstümmelung erklären. Aber wie sollte demohngeachtet das Herkommen, wie sollten dem ohngeachtet die Statuten zur Richtschnur angenommen worden seyn? Wie dies geschah, habe ich bereits bewiesen. Aber wie kam es, daß man gerade der Statute und der Observanz nicht ausdrücklich erwähnte, da doch eben damals zu Osnabrück ein mächtiger Zank über Capitelstatute war? „Wird „doch in den unmittelbar vorhergehenden Para„graphen der Capitelstatute so sorgfältig gedacht; „wird doch alles nach Localobservanz und alten „Statuten bestimmt." — — „Ist's nicht auffal-

„lender Contrast, indem sich der 16te und 17te
„Paragraph des fünften Artikels des Osnabrückischen
„Friedens, wie man fast glauben muß, recht nach
„der Absicht der Paciscenten, der lesenden und prü-
„fenden Nachwelt zeigen sollten?" Mit einem
Worte der 16te Paragraph bestimmt das Wahlrecht und Postulationsrecht nach Observanzen und
Statuten; der 17te Paragraph redet von den
präbendenfähigen Domherren, ohne der Statute
und der Observanzen ausdrücklich zu erwähnen.
Freylich wohl, dies geschah. — Aber sollte um
deßwillen Jemand gegen die damaligen Statute,
kein Bischof, wohl aber Jemand ein Domherr
werden können? Sollte der Kaiser befugt seyn,
einen Precisten gegen die schon zu Zeiten des Osnabrückischen Friedens bestehenden Statute und Observanzen in ein erzhohes oder hohes Domcapitel zu
schicken? H. Spittler giebt zwar dem römisch-
teutschen Kaiser oder Könige dies Recht, aber der Westphälische Friede spricht es ihm mit dürren Worten ab.

Ubi Sacra cæsarea majestas, sagt der Friede, jus
primariarum precum exercuit, exerceat etiam
imposterum, dummodo decedente A. C. ad-
dicto, in ejus religionis episcopatibus augu-
stanæ confessioni addictus, *ad normam Statuto-
rum & observantiæ idoneus*, precibus fruatur.

Wie doch der Contetext, in dem der 16te und 17te Paragraph des fünften Artikels der lesenden und prüfenden Nachwelt sich zeigen sollten, verschwindet! Wie so deutlich es sich offenbart, daß der Candidat einer Dompräbende eben so tüchtig seyn müsse nach Vorschrift der Statute und der Observanz, wie der Candidat der bischöflichen Würde! Wie so deutlich es sich offenbart, daß in dem unmittelbar vorhergehenden Paragraph der Wille der Paciscenten unmöglich seyn konnte, alle Statuten und Observanzen unkräftig zu machen, und die Fundation allein als einzige Norm aufzustellen? Wie so deutlich es sich offenbart, daß der künftige römische König unsern großen mit einer Dompräbende lange nicht hinlänglich gelohnten M. J. Schmidt nicht zu einem Maynzischen Domherrn machen könne! In der That; wenn die Paciscenten in dem siebenzehnten §. des fünften Artikels, Niemanden, der nun immer eine Dompräbende vergeben könnte, verbinden wollten, auf die Statuten und Observanz Rücksicht zu nehmen; warum verbanden sie in dem unmittelbar darauf folgenden §. den Kaiser, Niemanden eine Präbende zu ertheilen, der nicht nach den Statuten und der Observanz tüchtig befunden würde? Man wird mir entgegensetzen, daß die statutenmäßige Fähigkeit, von welcher hier die Rede wäre, keinen

Bezug auf die Statuten gegen den Unadel habe, denn diese seyen in dem siebzehnten Paragraph unkräftig erklärt worden; man müsse vielmehr die Statuten, welche hier in Schutz genommen wurden, immer mit Ausnahme der Statuten gegen den Unadel verstehen; denn eine allgemeine Verordnung hebe die besondere nicht auf. Allein, was sollten dies wohl für Statute seyn, oder wie läßt sich erweisen, daß diese beyde Paragraphen, wie Regel und Ausnahme sich verhalten? Weder der äußre Zuschnitt dieser Perioden, noch der innere Gehalt derselben deutet auf ein solches Verhältniß. Beyde reden allgemein: der siebzehnte Paragraph will, daß die Doctoren, die Patricier, und andre tüchtige Personen in den hohen Stiftern erhalten werden sollen; der achtzehnte will, daß der Kaiser bey Ausübung seines Rechtes der ersten Bitte, die Statuten und Observanz nicht bey Seite setzen, sondern nur einen Candidaten nach Vorschrift der Statute und der Observanz zu präsentiren befugt seyn solle. Wie läßt sich dieß anders deuten, als daß man den Rechtsbestand der Domcapitelischen Statute anerkennt, und weil man befürchtete, der Kaiser mögte sich über dieselbe hinwegsetzen, weil etwa die Erfahrung lehrte, daß er sich wirklich über dieselbe hinweggesetzt habe, weil über das Verfahren Ferdinands II. der in den

Unruhen des Kriegs einem Capitel mit Gewalt einen
nach den Statuten untüchtigen Mann aufgedrungen
hätte; laute Klagen entstanden, den Kaiser selbst
zur Beobachtung der Capitelstatute habe verbinden
wollen. Der Paragraph unterscheidet nicht zwischen
den Statuten und Observanzen, hebt nicht die einen
auf, und nimmt die andern in Schutz, sondern er
verbindet den Kaiser überhaupt, keine Precisten zu
schicken, welche nicht die statuten = und observanz=
mäßige Eigenschaften hätten. Was könnte mich
also berechtigen, die hier dem Kaiser auferlegte Ver=
bindlichkeit, keine lahme und unverstaltete, keine
blödsinnige, keine fremde Precisten zu schicken, so
ganz ohne Grund zu erklären? Sollten bey dieser
offenbaren Anerkennung der Domcapitelischen Sta=
tute denn doch die Statute und Observanzen zum
ausschließenden Vortheile des Adels ausgenommen
worden seyn; warum wird da, wo diese Ausnahme
stehen soll, einer solchen Ausnahme, warum wird
auch nicht mit einem Worte dieser Statute gedacht?
Erhaltung der Doctoren, der Patricier, und andrer
tüchtiger Personen wird in den Capiteln da auf
ewig festgesetzt, wo sie — diese Erhaltung den Fun=
dationen nicht entgegen ist. Wo ist hier eine Auf=
hebung der Statute und Observanzen zum ausschließ=
senden Vortheile des Adels? Vielmehr gewinnt

meine Erklärung der in Frage stehenden Stelle des Westphälischen Friedens immer mehr Gewicht, wenn ich den oben angeführten §. mit derselben vergleiche. Beyde Paragraphen erklären sich wechselseitig, und bestättigen das Resultat meiner ganzen Untersuchung, daß vermöge des Westphälischen Friedens, Patricier und Doctoren den Statuten und der Observanz gemäß in den hohen Erz- und Domcapiteln, in denen es den Fundationen nicht entgegen ist, erhalten werden, übrigens aber, wo vermöge der Statute und der Observanz nur Uradel aufgenommen werden konnte, kein Unadel in die hohen Erz- und Domcapitel eingesetzt werden sollte.

Zweytes Kapitel.
Vom Westphälischen Frieden bis auf die neuesten Zeiten.

Wenn die auf einen Friedensschluß folgende Geschichte die beste Auslegerinn desselben genennt werden kann, so kann ich um so sicherer auf der Deutung bestehen, welche ich der in Frage gewesenen Stelle des Osnabrückischen Friedens gegeben habe, je mehr die folgende Geschichte der Erzhohen und hohen Domstifter mit derselben übereinstimmt.

Wo der Adel zur Zeit des Westphälischen Friedens ausschließenden Besitz in den Domcapiteln gewonnen hatte, da blieb derselbe ungestört in diesem ausschließenden Besitze; Wo zur Zeit des Westphälischen Friedens Patricier und Doctoren mit aufgenommen werden konnten, da konnten sie auch nach dem Westphälischen Frieden aufgenommen werden, da wurden sie auch wirklich nach dem Westphälischen Frieden aufgenommen. Von andern wichtigen Personen sind mir keine Nachrichten bekannt. Ehedem hatte der Adel das glückliche Loos, von angesehenen Schriftstellern vertheidigt zu werden, die den beynahe ausschließenden Besitz nicht nur politisch gut fanden, sondern auch billig und gerecht: — Die Macht des Adels und ihre Folgen machten ihn in ihren Augen politisch gut, und die ursprünglichen Stiftungen billig und gerecht. Aber nach dem Westphälischen Frieden, als von welchem der Adel auf ewig in den hohen Erz- und Domstiftern geschützt zu seyn schien, entstanden, besonders unter den Protestanten, mehrere Schriftsteller, welche mit eben so beißender als ungerechter Satyre die Rechte des Adels auf die Erz- und hohen Domcapitel angriffen. Am heftigsten schrieb Monzambano oder Samuel Puffendorf (a). „Es giebt

─────────────
(a) De statu imperii germanici C, II. §. 14.

"Leute," sagt er, "welche vorzüglich aus diesem
"Grunde die große Menge von Kirchengütern, in
"deren Besitz der Adel ist, vertheidigen, weil durch
"sie die Aufnahme des hohen und niedern Adels be=
"fördert würde. Wenn Adeliche aus kirchlichen
"Pfründen ihr reichliches Auskommen erhalten, so
"fallen sie der Familie nicht zur Last, und verhindern
"also eine schädliche Theilung der Güter. Die
"Reichthümer erhalten sich nicht nur im Schooße
"der Familie, sondern vermehren sich auch, da
"Leute, welche zu Hause mit Armuth hatten ringen
"müssen, zu den größten Würden erhoben werden.
"Und, ich gestehe es," fährt er fort, "dies wäre
"schon allein Reiz genug, womit die römische Kirche
"sich die Gunst großer Herren zuziehen könnte. Denn,
"ob es schon ganz löblich wäre, den Glanz adelicher
"Familien zu erhalten, so wäre es dennoch gewiß,
"daß die Stifter der Kirchengüter auch nicht im
"Traume darauf gedacht hätten, da dieser Zweck
"weder etwas heiliges sey, noch auch zum Wohle
"der Seelen etwas beytrage. Wären die Nachge=
"bohrnen edeln und biedern Sinnes, so gäbe es
"im Kriege und im Frieden Mittel genug, sich Reich=
"thümer und Ehre zu erwerben. Wären sie aber
"weder zu Haus noch im Felde zu etwas nütze, so
"sey die Belohnung der Feigheit und Unthätigkeit

„zu groß, als daß man sie wie in einem Prytaneum „sogar auf Kosten des Staats ernähre u. s. w." Ich lasse das Wahre und Halbwahre in dieser Satyre auf seinem Werthe beruhen, aber soviel sey mir erlaubt zu schließen, daß auch nach dem Frieden zu Osnabrück der Adel die Oberhand in den hohen Stiftern dergestalt behalten habe, daß man, so oft die Rede von den Stiftern war, vorzugsweise allein vom Adel redete.

Die geistlichen Fürsten Teutschlands, so sehr sie gleich durch den Westphälischen Frieden gedeckt zu seyn schienen, wollten dennoch den Kaiser noch unmittelbarer, noch emphatischer zur Aufrechthaltung der Statute und Obstervanzen hoher Erz- und Domstifter verbinden, und verwebten das Interesse derselben in das wesentliche Interesse des ganzen Reichs. Mit einem Worte: Sie brachten es dahin, daß der Kaiser in seiner Wahlcapitulation die Aufrechthaltung der Privilegien, hergebrachter Statute und Gewohnheiten hoher Erz- und Domstifter beschwören mußte. Er mußte die Aufrechthaltung der Privilegien, hergebrachter Statute und Gewohnheiten beschwören; also machte er sich anheischig, sein Recht der ersten Bitte, das er ohnehin schon, vermöge des Westphälischen Friedens, nur den Statuten gemäß ausüben sollte, nur so gebrauchen zu wollen, daß die Privilegien, Statute und Gewohnheiten der hohen Stifter ungekränkt blieben; er machte sich anheischig, mit seinem mächtigen Schuße den Capiteln beyzustehen, wenn etwa der Pabst ihnen einen Candidaten gegen ihre Statute und Gewohnheiten aufdringen wollte. Man konnte es leicht begreifen, was es eigentlich mit diesen Statuten für eine Bewandniß habe. Es galt hier nicht etwa allein einem Statute, das einem unförmlichen oder blödsinnigen Menschen die Aufnahme verweigerte, nicht etwa allein einem Statute, das gegen uneheliche Kinder, gegen Fremde gemacht war: Es galt hauptsächlich den Statuten und Gewohnheiten, welche zum Vortheile des Uradels in den hohen Erz- und Domstiftern bestanden. Es ergiebt sich dies nicht nur aus dem Conterte der Stelle in der Wahlcapitulation (b), in welcher dem Kaiser die Beschützung der stiftischen Statute anempfohlen wird, sondern auch aus der nachherigen Geschichte, welche Beyspiele genug aufzeigt, in welchen die Capitel den Kaiser zum Schuße ihrer zum Vortheile des Uradels bestehenden Statute aufrieffen, und der Kaiser denselben unweigerlich darboth.

(b) Denn wozu sonst in dem Conterte die Erwähnung der Judicatur super statu nobilitatis?

Das Domcapitel zu Worms mußte zuerst einen schweren Kampf für die Capitelstatute kämpfen (c). Sein Gegner war Innocenz XII. Schon 1671, also nicht sogar lange nach dem Westphälischen Frieden erhielt Hermann Lothar von Auwach durch päbstliche Provision eine Dompräbende zu Worms. Die päbstliche Curie war anfänglich, wenn je in einem Falle, gewiß in dem vorliegenden, unschuldig. Man glaubte zu Rom nicht anders, als Hermann Lothar von Auwach sey von der niederrheinischen Ritterschaft, und habe seine vier Ahnen. Selbst der Provisus machte sich durch den feyerlichen Schwur anheischig, sogleich das Capitel zu verlassen, wenn es je aufkommen sollte, daß seiner Genealogie die vier erforderlichen Ahnen fehlten. Kurz, man nahm Hermann Lotharn von Auwach auf guten Glauben in das Capitel. Unterdessen starb der Wormsische Domprobst, und erledigte also wieder eine Präbende. Die Herren von Auwach hatten gute Freunde in Rom, und siehe: Hermanns Bruder, Johann Wolfgang erhielt die erledigte Präbende. Das Capitel zu Worms wurde aufmerksam, und nahm es ein wenig strenger mit der

---

(c) Diese Geschichte ist ausgezogen aus den Urkunden bey Cramer de jurib. & prær. nob. avir. num. XXV. f.

Ahnenprobe Johann Wolfgangs von Au‑
wach; und da ergab sich denn, daß Johann
Wolfgang von Auwach zu Witlich in einem
Städtchen des Erzstifts Trier gebohren, und nichts
weniger, als seine vier Ahnen zu beweisen im
Stande sey. Die Folge dieser Entdeckung war ganz
natürlich. Wolfgang kam nicht zu Capitel,
und Hermann Lothar ward vom Chore suspen‑
dirt. Wo sollten sich die Herren von Auwach in
dieser Lage der Sachen hinwenden, als nach Rom
zu ihren guten Freunden? Die guten Freunde zu
Rom schafften auch gar bald Rath; denn siehe, der
Cöllnische Official erhielt den Auftrag, die ganze
Sache zu entscheiden. Der Official erkannte sogleich
ein Manutenenzmandat, und unterstützte es mit
vielen Drohungen. Allein das Capitel verweigert
Gehorsam in einer Sache, in der es ihn nicht
schuldig zu seyn glaubt, und fleht den kaiserlichen
Schutz an. Der Kaiser erläßt ein nachdrückliches
Schreiben an den päbstlichen Hof, worinn er dem‑
selben vorstellt, daß es ein Theil seiner Regenten‑
pflichten sey, die alten Privilegien und Statute
zu beschützen. Das Schreiben hatte die Wirkung,
daß in dem höchsten Gerichte der römischen Signa‑
tur das Verfahren des Cöllnischen Officialen für
null und nichtig erklärt wurde. Es schien, das

Capitel habe gewonnen. Allein die Sache nahm einen ganz andern Gang. Im Junius 1685 übergab man Auwachischer Seits neue Handlungen und Documente, zu deren Beantwortung dem Wormsischen Domcapitel ein Termin bis zum 4ten Julius anberaumt wurde. Allein die Wormsischen Documente waren unterdessen gestohlen, man konnte sogleich nicht antworten, und der Termin verstrich. Kaum war der Termin verstrichen, so erschien schon ein Spruch zu Gunsten Hermann Lothars von Auwach, der als dreyjähriger Besitzer in dem Besitze seiner Präbende geschützt wurde, ohne auf die Wormsischen Statute und Privilegien zu sehen. Wäre nun gleich der Herr von Auwach bey dem Besitze der einmal gehabten Präbende geblieben, so könnte man aus diesem Falle bey weitem noch nicht den Schluß machen, daß das Capitel zu Worms, oder vielleicht gar alle Capitel Teutschlands Candidaten, welchen die statutenmäßige Eigenschaften fehlen, anzunehmen verbunden seyen. Das Capitel zu Worms gab nie den Widerspruch auf, den es gleich anfangs eingelegt hatte, sondern zeigte in seiner den 12ten October 1685 an Kaiser Leopold erlassenen Klagschrift, daß es das päbstliche Verfahren noch immer für statuten- und rechtswidrig halte. Wie sollte ferner da ein Präjudiz für de hohen Erz- und Domcapitel Teutschlands entstehen, wo der Kaiser selbst so feyerlich und so nachdrücklich erklärte, daß er verbunden sey, die Statute und Privilegien derselben zu schützen und zu handhaben. Und mußte denn nicht selbst die päbstliche Curie die Wormsischen Statute, die Privilegien Pius II. und Clemens VII. anerkennen, da sie das Verfahren des Cöllnischen Officials annullirte, und zuletzt mit sichtbarer Schonung der Capitelstatute nur in possessorio zu Gunsten Hermann Lothars von Auwach sprach, ohne nur im geringsten Johann Wolfgangs von Auwach, welcher doch auch eine päbstliche Provision hatte, zu erwähnen.

Allein der nachfolgende Streit war heftiger, als der erste. Die päbstliche Curie sah das Unrecht ein, mit welchem man in der Auwachischen Sache dem Capitel zu Worms begegnet hatte: Sie lernte die Statuten und Privilegien dieser Kirche kennen, ja erkennte dieselbe gewissermassen an. Und dennoch sollte nun gar ein Jacob von Boville, ohne Ahnen, ohne von teutscher Abkunft zu seyn, Jacob von Boville, ein Irländer, sollte nun gar Domherr zu Worms werden. Dies war denn doch zuviel von Seiten des Pabstes gefordert. Das Capitel zu Worms both also alle Kräfte auf, sich

diesen irländischen Edelmann vom Halse zu schaffen.
Alle übrige Capitel Teutschlands waren leicht da=
hin zu bringen, mit dem Capitel zu Worms gemeine
Sache zu machen, denn sie fühlten es nur gar zu
sehr, daß der Schlag, welcher ein einziges Capitel
von Teutschland treffe, wegen der Idendität der
Verfassung auf alle wirke. Die mächtigsten geist=
lichen Fürsten erließen nachdrückliche Schreiben an
den päbstlichen Hof; der Kaiser trat wieder mit
der schon einmal mit Wirkung gebrauchten Rolle
eines Beschützers der teutschen Kirchen und ihrer
Statute auf; der Reichstag selbst kam in Bewe=
gung, und die catholischen Legationen machten gleich=
falls die dringendsten Vorstellungen! Bey dieser
Lage der Sachen kann es wohl nicht mehr bezweifelt
werden, daß man von Seiten des Reichs die Recht=
mäßigkeit der Statute zum ausschließenden Vortheile
des Adels anerkannt habe. Durfte doch Lothar
Franz, Churfürst zu Maynz, dem Pabste geradezu
sagen, daß in die hohen Stifter Teutschlands Teutsche
allein aufgenommen werden könnten, daß die Can=
didaten aus dem vorzüglichen Adel seyn müßten,
worunter man nicht einmal die academischen Wür=
den zählen könne; durfte er dem Pabste sagen, daß
Signor Bennicusa, der Verfasser des Urthels
für H. v. Boville unmöglich in teutschen Ge=

schäften bewandert seyn könne, weil es sich nicht vermuthen ließe, daß er im Namen des Pabstes Statute und Gewohnheiten vernichten wolle, welche doch selbst durch die gemeinen geistlichen Rechte anerkannt wären; durch die gemeinen geistlichen Rechte, welche es ausdrücklich besagten, daß besondre Statuten nicht durch neue Verordnungen aufgehoben würden, indem der Pabst zwar alle Rechte in seiner Herzkammer verschlossen hielte, aber unmöglich das, was blos auf factischen Umständen beruhe, wissen könne. Durfte er diese Grundsätze bey dem päbstlichen Hofe mit so einem Ernst geltend machen, daß er sich nicht scheute, demselben zu verstehen zu geben, wie daß seine Anmaßungen in teutscher Brust die Begierde nach gallicanischer Freyheit rege machten u. d. g.! Durfte Johannes Hugo, Erzbischof zu Trier in einem gleichen Schreiben an den Pabst ebendieselben Grundsätze aufstellen, und die Schritte desselben mit den Einfällen der Feinde vergleichen, welche die Güter der Kirche zu Worms erst neuerlich verwüstet hatten! Sagten doch die gesammten catholischen Legationen, daß die Adelsprobe eine den uralten Statuten und wohlhergebrachten Gewohnheiten gemäße Sache sey, eine Sache, worüber der Pabst keine Dispense zu ertheilen im Stande sey! Sagten sie es doch mit dürren Worten, daß ein

Schtitt; wie dieser sey, ganz in das Innere der teutschen Verfassung greife, und daß mit dem Umsturze der Wormsischen Statute und Gewohnheiten, die Statute und Gewohnheiten aller teutschen Stifter zusammenstürzen würden! Sah der protestantische Religionstheil all diese Schritte, und schwieg er hieben stille; so billigte er dieselben ohne Zweifel. Statt, daß also die Verfassung der hohen Erz- und Domcapitel bey diesem Vorfalle eine Erschütterung hätte leiden sollen, wurde sie vielmehr durch den Antheil, welchen das gesammte Reich an derselben nahm, befestiget.

Aber, wie gieng es mit dem Irländer, Herrn von Boville? Ob er dem allen ohngeachtet in Besitz einer Dompräbende kam, und das Capitel also, das seine Rechte hinlänglich verwahrt zu seyn glaubte, den vielen Censuren und Interdicten nachgab, weiß ich nicht. Vermuthlich aber blieb das Capitel, gestützt auf so mächtige Stützen, seinem Entschlusse getreu; wenigstens scheint es aus einem Danksagungsschreiben zu erhellen, welches das Capitel zu Worms an die catholischen Gesandschaften auf dem Reichstag erließ, „daß sie sich ihrer „gegen die am päbstlichen Hof wider sie angemaßte „unverdiente Proceduren, vermittelst Erlassung nach- „drücklicher Schreiben an ihro päbstliche Heiligkeit

„sowohl, als ihro kaiserliche Majestät kräftig und „standhaftig anzunehmen belieben wollen." Dem sey aber, wie ihm wolle; im Ganzen gieng die Verfassung der teutschen Erz- und Domstifter aus diesem Kampfe nur desto fester und ehrenvoller hervor.

So fest war man von dem Rechtsbestand der Domcapitelischen Statute überzeugt, daß selbst der König in Frankreich die Statute des Domcapitels zu Strasburg in ihrem Werthe ließ. Hätte der König in Frankreich nur die geringste Wahrscheinlichkeit auf seiner Seite gehabt, hätte man glauben können, daß der Westphälische Friede eine Deutung annehme, welche dem Uradel in den Domcapiteln entgegen wäre; wie wäre diese Deutung in Frankreich willkommen gewesen! Hat doch der König immer Leute genug, welchen eine Dompräbende zu Strasburg sehr erwünscht seyn würde! Leute genug, welche ohne die erforderlichen Ahnen mit Abteyen zufrieden seyn müssen! Und dennoch ließ der König die Statute des Domcapitels zu Strasburg in ihrem Werthe! Das Einzige, was er von demselben verlangte, und was es nach seinen geänderten Verhältnissen recht gerne zugestehen konnte, war ein Statut, vermöge dessen für die Zukunft der dritte Theil der Canonicate an Franzosen vergeben werden follte! Das Statut gieng 1687 in dem Capitel zu Strasburg durch. Ein feines Statut, dessen Unwirksamkeit wohl die hochweisen Domherren zu Strasburg einsehen mochten, das Ministerium des Königs aber für baaren Gewinn des französischen Adels hielt! Es vergiengen sechs und zwanzig Jahre, ohne daß ein Franzose Domherr zu Strasburg geworden wäre. Und wie hätte auch ein Franzose die schwere Ahnenprobe liefern können, welche das Capitel zu Strasburg forderte! Sechs und zwanzig Jahre vergiengen, ehe man es von Seiten des französischen Hofs zu bemerken schien. Und auch da, als man es bemerkte, entsprach die Schonung, mit welcher man zu Werke gieng, der Achtung, welche man den ehrwürdigen Statuten und Gewohnheiten eines adelichen Domcapitels schuldig zu seyn glaubte.

Es geschah nur eine Anfrage, warum doch dem Statute vom Jahre 1687 gemäß kein Franzose bisher eine Präbende zu Strasburg erhalten habe? Die Herren zu Strasburg verstanden den Wink, und milderten in Rücksicht der französischen Candidaten die Schwierigkeit der Ahnenprobe. Hiemit war man von Seiten des Hofes zufrieden, und ließ übrigens das Capitel zu Strasburg in Ruhe (d). Diese wenig-

---

(d) Bey Cramer. Anh. n. XVIII.

stens von Auſſen beobachtete Schonung zeugt dann doch von dem Anſehn, in welchem durchgehends die Capitelſtatute geſtanden ſeyen? Die Capitelſtatute, auch wenn ſie zum ausſchließenden Vortheile des Adels gemacht waren.

Und was konnten auch die Doctoren mehr für Vorzüge vor dem Adel aufzeigen? Zwar ſuchten ſie die längſt vergeſſene Meynung von ihrem Adel wieder in Gang zu bringen, ein ganzes Heer von Schriftſtellern unterſtützte dieſelbe, ohne neue oder ſonſt erheblichere Gründe aufzubringen, als man bisher gebraucht hatte. Aber um eben deswillen fanden die guten Doctoren wenig Gehör, oder wenn man es noch für gut fand, mit Ihnen anzubinden, ſo ließ man ſie die Geißel der Satyre recht empfindlich fühlen. Ein ganzer Schwarm von Schriftſtellern, die für die Doctoren ſchrieben, verſtummte vor den bündigen und witzigen Gründen eines Mecklenburgiſchen Edelmanns Gottlieb von Hagen (e). Ohnehin hatte Lothar Franz, Churfürſt zu Mannz, ſchon im Angeſichte des Reichs erklärt, daß, wenn man nur Teutſche von Adel in

---

(e) Sein Werkchen: Diſcurſus de natura & ſtatu veræ nobilitatis & doctoratus juris iſt angehängt bey Itter. de grad. Academ. Man ſehe auch Conrad von Einſiedel de regalibus C. II. n. 140.

die hohen Erz- und Domstifter aufnehmen wollte, man bey weitem die Doctoren unter dem Adel nicht mitbegreife. Verschiedene Regenten Teutschlands zeigten in öffentlichen Verordnungen die tiefste Verachtung des Doctorats. Der Eine stellte sie mit Scharfrichtern und Schweinschneidern (f), der Andre mit Kammerdienern in eine Categorie (g). Was die Patricier anbetrift, so war ihre Würde bereits auch ziemlich tief gesunken. Im Jahre 1671 entstand die Frage, ob die Patricier den Vorzug vor den Doctoren hätten. Man mußte sehr wenige Gründe gefunden haben, um den Patriciern den Vorzug einzuräumen, wenn es diese allein waren, welche man wirklich gebrauchte, denn was kann man sich erbärmlicheres gedenken, als folgende Beweisgründe. In dem Osnabrückischen Friedensinstrument wären ja die Patricier den Doctoren vorgesetzt, in der Auth. præsides Cod. de episc. audient. würden sie mit den Adelichen verglichen, und Bechtius habe bereits das Alter dieses Vorzugs er-

---

(f) Geschichte des Fürstenthums Hannover, von C. L. Spittlern. Es geschah unter Herzog Georg Wilhelm den Großen, Ludolf Hugo ausgenommen.

(g) Hessenkasselsche Rangordnung, v. 1762. v. Struben Rechtl. Bed. T. III. S. 443.

wiesen (h). Indessen gewannen denn doch die Patrikier in dem schon erwähnten Schencking'schen Processe den Vortheil, daß man es für bekannt annahm, auch sie seyen präbendenfähig, wenn sie nur die statutenmäßigen Ahnen erweisen könnten. Die Herren von Schencking spielten nämlich ihren Handel an das Cammergericht, welches Forum um so gegründeter war; da sich nun der Streit um die Frage gedreht hatte, ob die Herrn von Schencking ihre erforderlichen Ahnen bewiesen hätten, oder nicht. Die Erbmannen suchten mit Urkunden zu erweisen, daß sie ritterlicher Abkunft seyen, ehedem Ministerialen von Fürsten gewesen, Ritterlehne besessen, und Vasallendienste gethan hätten; daß Viele aus ihrer Familie teutsche Ordensritter und Mitglieder von Cathedralkirchen, selbst in Münster, gewesen seyen, daß sie auf dem Landtage erschienen, und von acht Ahnen die erforderlichen Wappen aufzeigen könnten. Das Capitel zu Münster hatte nun freylich mehreres gegen diese Beweise einzuwenden: allein das Cammergericht hielt die Gründe der Erbmannen für überwiegend, und sprach zu ihren Gunsten ein Definitivurthel im Jahr 1685 aus. Es war zu erwarten, daß das

---

(h) Itter. de grad. Adm. p. 410.

Capitel zu Münster Revision suchen würde. Die Revision wurde gesucht, und wider Erwarten nahm der Reichstag so warmen Antheil an dieser Sache, daß er eine ausserordentliche Revision vorzunehmen beschloß, und besondere Commissarien hiezu deputirte. Die Commissarien untersuchten die Sache, aber siehe, die Herrn fielen in paria. Eine schlimme Wendung für das Capitel zu Münster! Indeß was geschehen war, war geschehen — der Reichstag sah sich zu dem Schlusse genöthigt, die Cameralsentenz zur Execution zu bringen; und Kaiser Joseph I. bestättigte durch ein Commissionsdecret im Jahre 1709 das Gutachten der höchsten und hohen Stände. Allein das Capitel, der Bischof und der Adel von Münster, welcher letztere mit in die Sache verwickelt wurde, weil er die Erbmannen nicht in die Rittermatrikel aufnehmen wollte, beruhigten sich hieben noch nicht; sondern suchten die Sache noch einmal an den Reichstag zu spielen, und den ganzen teutschen Adel mit in ihr Interesse zu ziehen. Allein, da Carl VI. mit harten Rescripten gegen sie auftrat, versprachen sie zu pariren, wenn die Erbmannen ihren Adel gehörig erweisen würden. So entschied das Cammergericht nach dem Buchstaben des Westphälischen Friedens, welcher die edlen Patricier in allen hohen Erz= und Domstiftern, in denen Sie nicht durch Statute oder Gewohnheiten bereits ausgeschlossen waren, erhalten wollte: So fügte sich auch das Capitel zu Münster nach dem Buchstaben des Westphälischen Friedens, welcher durch den Zusatz nobiles auch die Patricier zu einer Ahnenprobe verband. Uebrigens hielten die Capitel fest auf ihre Statuten, und wurden von dem gesammten Reiche mit einem lobenswürdigen Patriotismus unterstützt. Sie hielten fest auf ihre Statuten zum ausschließenden Vortheile des Adels; und wie konnte es in einer so wichtigen Angelegenheit anders ergehn, da sie so standhaft selbst auf minder wichtigen Statuten bestanden. Es war das Jahr 1694, da vergab der Pabst in dem Capitel zu Costanz eine durch den Tod Sebastian Peregrins, Freyherrn von Zweyer, ledig gewordene Präbende an Peter Philipp, Freyherrn von Berleps. Die Chronik beschreibt uns die Gestalt des neuen Herrn Provisus freylich sehr erbärmlich. Sein rechter Fuß war gelähmt und gänzlich eingebogen. Angeheftet an einem eisernen Kreuze, und angethan mit einem etwa ehlenlangen Schuhe, schleppte er den hin und her schwankenden Fuß nach. In seiner Hand führte er einen Stock, und doch hinkte der entnervte Körper, der zwey Stützen ohnerachtet, zum Aergerniß aller frommen

Seelen.« Aber, was hätten die Domherrn zu Costanz viel verloren, wenn sie einen hinkenden Domherrn in ihr Mittel aufgenommen hätten? Indeß, weil Herr von Berlep*s keinen statuten- und observanzmäßigen Fuß hatte; kam fast das ganze Reich in Bewegung. Mehrere Capitel Teutschlands stellten dem Pabste in besondern Schreiben vor, daß ein Domherr zu Costanz keine krumme, sondern statuten- und observanzmäßige, d. h. gerade Füße haben müsse; der Kaiser bestand darauf, daß der Pabst gegen die Statuten und löblichen Gewohnheiten keine Krüppel und krummbeinigte Domherrn machen könne, und die catholischen Legationen des Reichstags übernahmen gleichfalls die Vertheidigung der geradegewachsenen Füße bey seiner päbstlichen Heiligkeit (i). Wenn man es dem päbstlichen Hofe so höchlich schwer auslegte, sich über die statutenmäßigen Beine hinausgesetzt zu haben; war es wohl zu verwundern, daß man es so strenge mit dem statutenmäßigen Adel nahm?

Ich habe, wie mich dünkt, zur Genüge gezeigt, daß man auch nach dem Westphälischen Frieden die Statute und Gewohnheiten der Capitel für rechtsbeständig und verbindlich für alle diejenigen ansah,

---

(i) Moser Zusätze zum N. St. R. S. 122 seq.

welche nur irgend ein Recht hatten, eine Präbende zu vergeben. Allein ich redete nur von solchen Statuten, welche bereits zur Zeit des Westphälischen Friedens bestanden. Nun erlitten aber die Statute der Domstifter nach dem Westphälischen Frieden mannichfaltige Veränderungen. Noch im siebenzehnten Jahrhunderte waren Doctoren in dem Domcapitel zu Passau. Aber Herr D. Brenner und Herr D. Weilheimer waren die letzten, denn seit 1662 sind durch einen Capitelschluß alle Doctoren auf ewig ausgeschlossen (k). In andern Stiftern wollte man zwar die Doctoren und Patricier nicht gänzlich ausschließen, aber man reducirte sie auf eine gewisse Anzahl. Die Ahnenprobe selbst wurde durch Capitelschlüsse auf vielerley Art erschwert, indem man bald die erforderliche Ahnenzahl erhöhte, bald aber von dem Candidaten forderte, daß er und seine Ahnen zur Reichsritterschaft oder zu irgend einer andern Classe von Adel gehört hätten. Die Schicksale dieser Veränderungen waren nicht immer so günstig, als die Schicksale der Capitelstatute überhaupt. Man erlaube mir vorerst einige Bemerkungen über den Rechtsbestand dieser Veränderungen zu machen, hiernächst werde ich die Aufnahme

---

(k) Privatnachrichten aus Passau.

erzählen, welche diese Statute im teutschen Reiche erlebt haben.

Wenn zur Zeit des Westphälischen Friedens die Doctoren von der Aufnahme in ein Capitel noch nicht ausgeschlossen waren, so will der Westphälische Friede, daß dieselben nicht ausgeschlossen, sondern vielmehr in denselben erhalten werden sollen. Solchen Capiteln also wurde hiemit das Recht benommen, durch gegenseitige Statute, oder Gewohnheiten das Doctorat auszuschließen. Hingegen erhielten alle diejenigen, welchen es zukömmt, Präbenden in solchen Stiftern zu vergeben, ein wohlerworbenes Recht, dieselben auch an Doctoren zu vergeben. An und für sich würden daher die Capitel gegen den Kaiser, der bey Ausübung der ersten Bitte einen verdienstvollen Doctor begnadigen, oder gegen den Pabst, der in seinen Monaten einen Doctor providiren wollte, mit rechtlichem Erfolge ihre gegenseitigen Schlüsse, welche erst nach dem Westphälischen Frieden gemacht wurden, nicht anzuführen befugt seyn. Allein wenn man bedenkt, daß man sich durch besondere Verträge der Rechte begeben könne, welche man überhaupt durch die Verordnung eines Gesetzes, und folglich auch durch die Verordnung des Westphälischen Friedens erworben hat; wenn man bedenkt, daß der Westphälische

Friede in mehreren Stellen, denjenigen, welchen ein Recht eingeräumt, oder eine Verbindlichkeit auferlegt worden ist, die ausdrückliche Befugniß ertheilt, durch besondere Verträge eine dem Westphälischen Frieden zuwiderlaufende Verordnung zu machen: so scheint es, als habe man das Mittel gefunden, dergleichen Statute zu retten. „Der „Kaiser und der Pabst," so möchte man sagen, „erhielten durch den Westphälischen Frieden ein „wohlerworbenes Recht, die ihrer Collation über„lassenen Präbenden in solchen Capiteln, wo zur „Zeit dieses Friedens die Doctoren noch nicht aus„geschlossen waren, auch an Doctoren zu vergeben. „Bestättigten also der Kaiser und der Pabst diese „Statute, oder erhielten sie gar besondere Privilegien „über den Rechtsbestand derselben, so entsagten sie „freywillig ihrem Rechte, und verbanden sich also „selbst, keine Präbenden mehr an Doctoren zu „vergeben. Durch diese Bestättigung, durch Er„theilung dieser Privilegien erlangen die Statute „die Kraft eines Vertrags zwischen dem Capitel „auf; einer und dem Kaiser und Pabste auf der „andern Seite, vermöge dessen die Capitel ein „wohlerworbenes Recht haben, alle von dem Kaiser „ernennte, oder dem Pabste providirte Candidaten „zu verwerfen, welche die durch die Statute, oder

„durch diesen Vertrag bestimmte Eigenschaften „nicht zu erweisen im Stande sind." — Allein gegen den Westphälischen Frieden gilt kein kanonisches Recht und kein bürgerliches Recht, kein gemein Recht und kein besonderes Recht — Kein Privilegium irgend eines einzelnen Capitels — Kaiser und Pabst können keine Ausnahme machen! Wenn das kanonische, oder bürgerliche, das gemeine, oder besondere Recht irgend eine Verfügung enthält, welche mit irgend einer Verfügung des Friedens im Widerspruche steht, so soll nicht die Verfügung des kanonischen, oder bürgerlichen, des gemeinen, oder besondern Rechtes gelten, sondern allein die Verfügung des Friedens. Der Kaiser und Pabst können keine Ausnahme machen! Wenn der Westphälische Friede eine Verfügung macht, so kann der Kaiser, so kann der Pabst keine einseitige Ausnahme machen, kein einseitiges Privilegium ertheilen. Der Westphälische Friede ist ein allgemeines Reichsgesetz; ein allgemeines Reichsgesetz kann der Kaiser, kann der Pabst nicht abändern; davon kann allein die gesetzgebende Gewalt eine Ausnahme statuiren, die nicht allein in den Händen des Kaisers, gar nicht in den Händen des Pabstes ist. Man setzt mir entgegen; „Der Kaiser und der „Pabst müßten denn doch befugt seyn, einem Rechte

„zu entsagen, das Ihnen durch den Westphälischen
„Frieden ertheilt wurde; und wenn die Ertheilung
„der Privilegien, wenn ihre Bestättigungsurkun=
„den weiter nichts enthalten, als einen feyerlichen
„Verzicht ihres durch den Westphälischen Frieden
„erworbenen Rechts, die ihrer Collation überlaſ=
„senen Präbenden an Doctoren zu vergeben;
„Warum sollten sie diese Privilegien, diese Be=
„stättigungsurkunden nicht ertheilen dürfen? Zudem
„was könnten der Kaiser, oder Pabst in einem ein=
„zelnen Falle für einen Grund anführen, gegen
„die bestätigten Capitelstatute zu handeln? Würden
„sie sich auf den Westphälischen Frieden berufen,
„und aus demselben ihr Recht herleiten wollen, so
„könnte man ihnen mit Rechte die Privilegien und
„Bestättigungsurkunden vorhalten, welche nichts
„als eine Entsagung dieses Rechtes enthalten.
„Würden sie aber sagen, daß ihre Vorfahrer gegen
„die Verordnung des Westphälischen Friedens keine
„Privilegien ertheilen, keine Statute gutheissen
„konnten, welche der Friede verboten hätte, so
„würde auf diese Art kein Recht mehr bestehen,
„das irgend ein Bürger des Staats von einem
„bereits verstorbenen Regenten erhalten hat.
„Warum sollte ein Regent nicht einem so zufälligen
„Rechte entsagen können, als das Recht ist, statt

„des Adels Doctoren in gewisse Stifter Teutsch=
„lands zu setzen? Oder wie konnte der Westphälische
„Friede den Kaiser verbinden, die seiner Collation
„überlassenen Präbenden vielmehr an Doctoren,
„als an adeliche Candidaten zu vergeben? Konnte
„ihn aber der Westphälische Friede nicht verbinden,
„und stand es also in seiner Willkühr, ohne irgend
„ein Privilegium, und ohne irgend eine Bestät=
„tigungsurkunde mit Uebergehung der Doctoren
„nur den Uradel zu begünstigen? Warum sollte er
„sich dazu nicht verbinden können, was er ohne
„diese Verbindlichkeit aus freyer Willkühr hätte
„thun können? Wenn also der Kaiser als Kaiser
„befugt sey, Privilegien über den ausschliessenden
„Besitz des Uradels einem Stifte zu ertheilen, oder
„die von demselben gemachten Statute zu bestätti=
„gen, so sey auch sein Nachfolger verbunden, diese
„Privilegien, diese Bestättigungsurkunden anzu=
„erkennen. Was ein Regent, als Regent gültig
„unternehme, könne sein Nachfolger, ohne eine
„Ungerechtigkeit zu begehen, der Regel nach nicht
„umstossen! — Ein gleiches gelte von dem Pabste."
Allein, wohl kann ein einzelner Kaiser statt eines
Doctors einem aus dem Uradel seine Preces geben,
folglich von der Alternative, wozu ihn der W. F.
berechtiget, in einem besondern Falle, keinen Ge=

brauch machen; wenigstens keinen Gebrauch zum Vortheile eines Doctors machen: Allein er kann kein Privilegium, keine Bestättigung irgend eines Statuts ertheilen, das diese Alternative aufheben, — das seinen Nachfolger binden sollte, nie mehr einem Doctor eine Präbende in diesem, oder jenem Stifte zu verleihen. Der Kaiser erhielt nicht allein ein ewiges Recht zur Alternative durch den W. Fr.; Ihm ward auch eine Verbindlichkeit aufgelegt, fleißig dahin zu wachen, daß sie nie aufgehoben würde, vielmehr also eine Verbindlichkeit, nie selbst diese Alternative zu ändern. „Opera detur, ne u. d. g. beginnt die merkwürdige Sanction; der Friede will also nicht bloße Rechte einräumen: Nein, er verbietet auch. In dem Ausdrucke „opera detur," liegt nicht nur allein dieses Verbot, sondern, gleich, als hätte man vorgesehen, wie so gerne die Stifter dieses Verbot übertretten möchten, auch ein Zuruf an die oberstrichterliche Gewalt und die Theilnehmer des Friedens, es nie zuzugeben, daß nach dem Frieden diese Alternative geändert würde. Nun ist aber der Kaiser nicht befugt, von einem verbietenden Gesetze eine Ausnahme zu statuiren. So wie das gesammte Reich zur Abfassung des Gesetzes concurrirte, so muß auch das gesammte Reich concurriren, wenn eine Ausnahme statuiret werden soll! Wie kann also ein Privilegium, wie kann eine Bestättigung des Kaisers dessen Nachfolger verbinden, bey deren Ertheilung er gegen seine Pflichten handelte! Also ein Statut, das erst nach dem W. F. ein Capitel dem Uradel allein einräumen wollte, würde keinen Capitular binden, er sey schon da gewesen in dem Capitel, als das Statut gemacht wurde, oder erst in der Folge dahingekommen: denn ein Statut gegen ein verbietendes Gesetz ist null und nichtig; ein solches Statut kann keinen Bischof, keinen Indultar, kann auch den Pabst nicht binden! Aber die Capitulare, die Bischöffe, die Indultare, der Pabst, und wie die Collatoren heissen mögen, werden gebunden, sobald Kaiser und Reich über eine Ausnahme einig sind; denn ihnen steht zwar das Recht zu, Präbenden zu vergeben, aber die Frage, an wen sie vergeben werden sollen, hat einmal Teutschlands gesetzgebende Gewalt entschieden, verbindlich entschieden, kann also auch eine verbindliche Ausnahme festsetzen. Wenn also das Domcapitel zu Passau, in welchem sich noch zur Zeit des Westphälischen Friedens Doctoren befanden, auch seine zum ausschließenden Vortheile des Adels gemachten Statute vom Kaiser und Reiche bestättigen ließ, so können demselben vom Kaiser, oder dem Pabste eben so wenig Doctoren aufgedrungen werden, als einem Capitel, welches schon vor dem Westphälischen Frieden die Doctoren ausgeschlossen hatte. Aber wie? wenn das Domcapitel zu Passau keine solche Bestättigung für die Gültigkeit seiner Statute anzuführen im Stande wäre, könnte es sich nicht etwa mit einer verjährten Gewohnheit, oder Observanz schützen? Eine Observanz gründet sich auf die stillschweigende Einwilligung derjenigen, die bey dem Rechte, welches durch eine Observanz erworben, oder verlohren werden soll, irgend ein Interesse haben. Die hauptsächlich intereßirten Theile sind der Kaiser und das Reich; kann also das Domcapitel zu Passau eine Observanz erweisen, welche sich auf die Einwilligung des Kaisers und des Reichs gründet: so bin ich überzeugt, daß diese Observanz eben dieselben Wirkungen habe, welche ich ausdrücklichen Privilegien, oder Bestättigungsurkunden zugeschrieben habe. Wenn der Kaiser, oder Pabst irgend einem Stifte einen Doctor schickte, um ihn in den Besitz einer Präbende zu setzen; wenn sich das Stift gegen die Aufnahme desselben sträubte; wenn es seine Capitelschlüsse, wenn es eine Observanz vorschützte, vermöge welcher nur Candidaten aus dem Uradel der Präbenden fähig wären; wenn sich der Kaiser und das Reich, welchem dieser Widerspruch auf eine gesetzmäßige Art bekannt wurde, bey dieser Weigerung beruhigten, wenn der Callator statt des Doctors einen Candidaten vorstellte, welcher seine Ahnen zu beweisen im Stande war: so waren dies lauter Thathandlungen, aus welchen ein unmittelbarer Schluß auf die Einwilligung der Interessenten gemacht werden kann. Wenn aber stillschweigende Einwilligung eben dieselben rechtlichen Wirkungen hat, wie die ausdrückliche, so müssen die Capitelstatute zum ausschließenden Vortheile des Adels eben so gut durch Observanz, als durch Privilegien und Bestättigungsurkunden geschützt seyn. Ob aber ohne Dazwischenkunft irgend einer Thathandlung der Lauf der bloßen Verjährungszeit ein Domcapitel zu schützen im Stande sey, ist eine andere Frage. Gesetzt der Kaiser und der Pabst hätten durch vierzig, oder mehrere Jahre keinem Doctor eine Präbende verliehen, so war dies auf einer Seite ja eine Sache der bloßen Willkühr (res meræ facultatis). Was kann hieraus, daß zwey, oder drey Kaiser, oder Päbste nur dem Uradel ihre Gnade geschenkt haben, gegen Joseph II. oder Pius VI. gefolgert werden? Wenn ihre Vorfahrer dem Uradel allein gewogen waren, so konnten Sie hiedurch noch nicht verbunden werden, auf gleiche Art dem Uradel allein gewogen zu seyn. Auf der andern Seite waren weder der Kaiser noch der Pabst befugt, durch ihre stillschweigende Einwilligung dem Capitel ein Recht einzuräumen. Mit einem Worte also, wenn von Seiten der Capitel keine Handlungen erwiesen werden können, aus welchen sich auf Einwilligung schließen läßt, so kann der aus dem bloßen Verlaufe der Zeit genommene Grund keine rechtliche Wirkungen haben.

In andern Capiteln kamen zwar keine Statute gegen das Doctorat, oder Patriciat zu Stande, jedoch schränkte man die Anzahl der aufzunehmenden Doctoren und Patricier auf eine bestimmte Anzahl ein. Im Jahre 1475 machte das Domcapitel zu Augsburg mit Bewilligung seines Bischofs Johann II. ein Statut, vermöge dessen die Patricier der Stadt Augsburg von der Aufnahme zu Domherren ausgeschlossen wurden. Zwar bestätigte dies Statut Sixt IV. Allein Innocenz VIII. verlieh dennoch zweyen Patriciern, einem aus der Fuggerischen Familie und einem gewissen Bernhard Artzius zu Augsburg Canonicate. Der 1487 zu Augsburg versammelte Reichstag legte sich zwar ins Mittel, aber er war denn doch mit dem Pabste darinn einig, daß auch inskünftige Patricier in das Domcapitel aufgenommen werden möchten, nur wünschte er, daß

sich die aufzunehmenden Patricier nicht in die
Geschäfte des Capitels mischen möchten. So blieben also die Patricier von Augsburg in dem Capitel
zu Augsburg, ohne daß irgend eine Anzahl festgesetzt worden wäre. Clemens XII. aber entschied
endlich im Jahre 1743 die langen Streitigkeiten so,
daß den Bürgern zu Augsburg und ihren Söhnen
der Weg zu zehn Canonicaten offen stehen sollte,
welche der Regel nach mit allen übrigen Domherrn
gleiche Rechte, die Streitigkeiten der Stadt mit
dem Domcapitel ausgenommen, genießen sollten (1).
So wie zu Augsburg die Anzahl der Patricier, so
wurde wahrscheinlich in andern Stiftern die Anzahl
der Doctoren festgesetzt. Wenn nun der Kaiser den
eilften Patricier in das Domcapitel zu Augsburg,
oder einen Doctor über die bestimmte Anzahl in ein
anderes Capitel setzen wollte, so würden bey der
Frage, in wiefern der Kaiser hiezu berechtiget sey,
eben dieselben Grundsätze eintretten, welche ich bey
der vorhergehenden Frage angegeben habe. Der
Kaiser und das Reich sind bey jedem Statute, welches das Verhältniß der Domherrn, das da war

---

(1) Darstellung der unrechtmäßigen Ausschließung Augs-
burger Patricier und Burgersöhne von dem dortigen
hohen Domstifte, Frankfurt und Leipzig 1789. S.
Mosers Zusätze zum neuen St. R. p. 340.

zur Zeit des W. Friedens, umschaffet, in dem Falle, wo ihre gesetzgebende Gewalt eintritt; ohne ihre Bewilligung läßt sich kein rechtsbeständiges Statut gedenken. Päbstliche Einwilligung ist also allein nicht hinlänglich, noch würde die kaiserliche und päbstliche Einwilligung hinlänglich seyn, wenn das Reich widersprechen würde. Gleiche Bewandniß hat es mit den Statuten, wodurch eine größere Anzahl der zu erweisenden Ahnen beliebt, oder gar nur eine gewisse Classe des Adels z. B. die Reichsritterschaft der Präbenden fähig gemacht wird. Fast in allen Stiftern, in welchen man keinen bestimmten Adel von den Candidaten verlangt, wurde es Mode, die Anzahl der zu erweisenden Ahnen zu erhöhen. Bey der Leichtigkeit, Adelsdiplome zu erhalten, sind freylich zwey, oder vier Ahnen eine Kleinigkeit. Einige Generationen würden den Mann, dessen Ururgrosvater vielleicht ein Bauer, ein Handwerker, oder ein Kaufmann war, dem Adel gleichmachen, der seine Ahnen bis in das eilfte Jahrhundert fortzählen kann. Und dies wäre denn freylich keine erwünschte Sache für den Uradel! In den fränkischen und rheinischen Stiftern verband sich das Interesse der Reichsritterschaft auf das engste mit dem Interesse der Domcapitel, und gab die Veranlassung zur Ausschließung des Mediatadels, wenn er auch noch so viele Ahnen zu erweisen im Stande seyn würde. Die fränkischen und rheinischen Stifter mögen, ich weiß es nicht, durch unfürdenklichen Besitz hinlänglich geschützt seyn. Allein die Westphälischen Stifter wollten erst in neuern Zeiten das freylich sehr natürliche Retorsionsrecht gegen die Reichsritterschaft ausüben, und machten Statute, wodurch die Reichsritterschaft auf immer aus den Westphälischen Stiftern ausgeschlossen seyn sollte. Indessen können sie, wie mich dünkt, aus eigner Gewalt dies Retorsionsrecht nicht ausüben. Die rheinischen und fränkischen Stifter waren vielleicht entweder schon zur Zeit des Westphälischen Friedens im Besitze des Rechtes, den mittelbaren Adel auszuschließen, oder erwarben sich doch dies Recht durch Observanz, oder ausdrückliche Einwilligung des Kaisers und des Reichs. Allein wenn wir die Capitel als Mitglieder eines und desselben Staates betrachten, so kann das Retorsionsrecht unter Ihnen gar keinen Platz haben. Die Mittelbaren von Adel können sich eben so wenig über Unrecht beschweren, als ein ganzes Land über Unrecht klagen kann, wenn der Regent einer Stadt, oder sonst einer Gemeinde ausgezeichnete Privilegien ertheilet. So wenig die Stadt A gegen die privilegirte Stadt B das Retorsionsrecht auszuüben befugt ist, eben so wenig ist das Domcapitel zu Osnabrück um deßwillen befugt, die Reichsritterschaft auszuschließen, weil in den fränkischen und rheinischen Stiftern der Osnabrückische Adel ausgeschlossen ist. Hieraus ergiebt sich also, daß auch hier die oben vorgetragenen Grundsätze ihre volle Anwendung haben.

Mit diesen Grundsätzen stimmt die Praxis in den wesentlichen Puncten überein. Statute, welche entweder schon zur Zeit des Westphälischen Friedens vorhanden waren, oder auch nach demselben durch ausdrückliche, oder stillschweigende Bewilligung der höchsten Gewalt bestättiget wurden, nimmt der Kaiser in gesetzlichen Schutz, und wacht über ihre Unverletzbarkeit. „Könnten allerhöchstdieselbe," heißt es in einem Rescripte Carls VI. an den Bischof von Speyer, als päbstlichen Indultarius, als oberster Schutz= und Schirmherr derer deutschen Stiftern und Kirchen, „auch in Kraft tra=
„genden allerhöchsten kaiserlichen Amts sich nicht
„entbrechen, ihre reichsväterliche Sorgfalt dahin
„anzuwenden, daß die Erz=Dom= und andere Stifter
„nach Einleitung der kaiserl. geschwornen Wahl=
„capitulation Art. XIV. §. 1. bey ihren rechtmäßig
„hergebrachten Statuten und Gewohnheiten gehand=
„habt — — — Wider solche ihre erlangte Rechte

„in keine Weise, gehandelt werden mögte " (m).
Der Graf von Manderscheid-Blankenheim
erhielt die durch die Resignation Damian Eme-
richs von Metternich-Mulmark in dem
Capitel zu Trier erledigte Präbende nicht, weil er
unter seinen Ahnen einige aus dem östreichischen
Adel hatte. Zwar fiel das Reichshofrathsconclusum
aus ganz begreiflichen Ursachen gegen das Capitel
aus, allein das Capitel berief sich auf seine Statute und unfürdenkliche Gewohnheiten, und siehe,
weder der Graf, noch der Reichshofrath machten
irgend einige Bewegung mehr gegen das Capitel (n).
Die römische Curie gebraucht zwar noch immer die
Canzleyformeln des vierzehnten Jahrhunderts in
ihren Collationen, und hebt bey jedem einzelnen
Falle alle der Person des Candidaten entgegenste-
hende Statute und Gewohnheiten auf. Allein diese
Canzleyformeln haben gewöhnlich keine andere Wirkung, als Canzleyformeln aus dem vierzehnten
Jahrhunderte haben können. Man achtet derselben
nicht.

Im Jahre 1747 erhielt Wilhelm Maria,
Freyherr von Fürstenberg, vom Pabste Bene-

(m) Cramer Nebenstunden Th. LXI. Abh. II. S. 30.
(n) Moser l. c. p. 212.

dirt eine Präbende zu Cölln. In der ihm ertheilten Bulle waren alle Privilegien und Statute aufgehoben, und dannoch heißt es in einem kaiserlichen Rescripte an den Churfürsten in Cölln vom 19. Nov. 1753. „(Kays. Maj.) werden weniger jemals zu„geben, daß durch fremde Beyhülfe denen Frey„heiten teutscher Stiffter einiger Nachtheil zuge„fügt werde" (o). Was hingegen Statute anbetrift, welche erst eine Geburt neuerer Zeiten sind, so werden sie nie von Seiten des Reichshofraths, als bey welchem die meisten die Statute betreffenden Processe anhängig sind, für rechtsbeständig angesehen. Sehr deutlich trift man die oben ausgeführten Grundsätze in einem Conclusum an, das uns der verstorbene g. J. R. Ayrer in seiner Abhandlung über das Recht der ersten Bitte in seiner ganzen Vollständigkeit geliefert hat (p). „Bevorab," heißt es dort, „da die daselbst hauptsächlich ange„zogene, aber von kayserl. Majest. nicht confirmirte „vermeyntliche Statute und Gewohnheiten, als „welche sonst jedes Stifft bey sich pro lubitu in „præjudicium tertii einführen, auch die canonicos „einen Eyd darüber abschwören lassen möchte, das

---

(o) Selecta juris publ. noviss. Tom. XXXII. S. 4a.
(p) Im Anh. n. 48.

„allerhöchste reservatum Cæsaris majestaticum pri-
„mariarum precum, so der kayserlichen Majestät
„gleich von Zeiten der kayſ. Krönung anklebet,
„weder schwächen, noch weniger in einigen seinen
„effectibus über den Haufen werffen können." u. d. g.
Diese Grundsätze werden vom kaiserlichen Hofe in
Rücksicht aller Arten der Statute geltend gemacht,
sowohl wenn sie die Vermehrung der Ahnenzahl,
als eine bestimmte Classe des teutschen Adels betref-
fen. In Sachen des Freyherrn von Reck in
Steinfurth und Grafen von Plettenberg-Lehn-
hausen erklärte der Kaiser durch ein Conclusum
des Reichshofraths vom 25. Jul. 1737 (q), er
könne nie zugeben, daß durch vermeyntliche Observanzen und Statuten über die ausschließliche Aufnahme Unmittelbarer von Adel, zum größten Präjudiz der allerhöchsten kaiserl. Vorrechte, auch resp.
der Churfürsten und Stände im Reiche obschon me-
diat, doch uralt und rittermäßige teutsche Adel —
gänzlich ausgeschlossen werde." Das Conclusum
hatte zwar keine Wirkung, und Herr von Reck
kam nie zum Besitze einer Präbende zu Maynz;
allein der Grund mochte in dem Rechtsbestande der
Statute, oder der Observanz gelegen seyn, den

(q) Moser Tractat von k. R. R. und Pf. p. 312.

P

etwa das Capitel deutlicher zu entwickeln Gelegenheit hatte; vielleicht auch in den damals unruhigen Zeiten. In der That aber ergiebt sich aus diesem Conclusum der Geist der Grundsätze, welche bey dem Reichshofrathe aufgestellt sind, und, wie bereits gezeigt worden ist, mit dem ganzen Systeme der teutschen domcapitelischen Verfassung sehr genau übereinkommen. Was die Vermehrung der Ahnen betrifft, so bestättigte der Kaiser mehrere Statute, welche dem Candidaten den Beweis von sechszehn Ahnen auflegen, hingegen die Foderung vieler Capitel, daß auch die Ahnen der obersten Reihe schon Adeliche von Geburt aus seyn sollen, verwarf er in mehrern Fällen. Nun legte er zwar hiedurch zu Tage, wie nothwendig die kaiserliche Bewilligung sey, um bey dem Reichshofrathe dieselben mit Wirkung produciren zu können: Allein, ehe noch die Bewilligung des Reichs hinzugekommen ist, sind die Statute noch nicht völlig gesetzmäßig. Doch ich erzähle, was wirklich geschieht. Lange kämpfte der Freyherr von Thurn, und Valsasina mit dem Domcapitel zu Constanz; welches den in der obersten Reihe seines Stammbaums vorkommenden Ludwig von Thurn, nicht für adelich anerkennen wollte; aber ein Conclusum vom 15. December 1780 erklärte ihn für adelich, und legte dem Domcapitel die Aufnahme des Freyherrn auf (r). Ja in den neuesten Zeiten scheint der kaiserliche Hof das Recht, neue Statute zu machen, den Capiteln gänzlich entziehen zu wollen, und den Grundsatz angenommen zu haben, die Statute nicht mehr als Statute zu bestättigen, sondern **lediglich aus allerhöchster kaiserlicher Gnade** (s). Eine willkührliche, nach Verschiedenheit der Zeiten und Umständen so wandelbare Uebereinkunft der Capitel soll nun nicht mehr die Reservatrechte des Kaisers einzuschränken befugt seyn, die Capitel sollen der so zweydeutigen Hülle des Alterthums sich nicht mehr bedienen können, um damit oft die neuesten Statute ehrwürdig und unverletzlich zu machen; nur von der kaiserlichen Gnade sollten sie die verbindliche Kraft aller der Veränderungen erwarten, welche sie von Zeit zu Zeit in ihren alten Statuten und Gewohnheiten machen würden — kaiserliche Pri-

---

(r) Mosers Zusätze zum neuen t. Staatsrechte p. 341—348.

(s) Reichshofrathsconclusum vom 16ten October 1786. Westphälische Ritterschaft, puncto confirmationis statuti equestris 10. Decemb. 1785. zu Cölln adeliches Damenstift ad B. M. V. in Capitolio puncto confirmationis statuti capitularis; 28. August zu Münster Domcapitel puncto confirmationis statuti capitularis, die ich in Manuscript besitze.

vilegien sollten für die Zukunft die Stelle der Statute vertretten. Allein, wie gesagt, sind diese kaiserliche Privilegien noch nicht hinlänglich, sondern auch die Einwilligung des Reichs wird erfodert. Zwar werden die Capitel durch kaiserliche Privilegien sowohl am Reichshofrathe, als am Cammergerichte hinlänglich gedeckt seyn, und gegen die Provisionen des Pabstes und andrer Personen allen nur erdenklichen Schutz finden: Aber, wie? wenn die abgewiesenen Candidaten sich an den Reichstag zu wenden für gut fänden? Der Fall ist selten, aber doch möglich. Warum sollten sich die Capitel nicht auf diesen möglichen Fall durch Einholung dieser Einwilligung sicher stellen? Dies ist der Zustand der heutigen domcapitelischen Verfassung.

Wollen wir die alterältesten Zeiten abrechnen, so werden wir in jeder Periode ein sichtbares Uebergewicht des Uradels wahrnehmen. Der Westphälische Friede fand dies Uebergewicht, und konnte und wollte es so wenig stören, daß er es vielmehr in seinem Werthe ließ, und für den Uradel und Patriciat nur so viel rettete, als noch zu retten war. Dies Uebergewicht wird auch wahrscheinlich für immer das nämliche bleiben. Die Gründe, womit H. Spittler dasselbe zu stören gesucht hat, wurden bereits in einem Falle in ihrer ganzen Stärke dem Reichshofrathe vorgelegt. (t) — Es war in Sachen von Greifenklau zu Vollraths, gesammte rheinische und fränkische Branche (contra Friedrich von Greifenklau. Als Friedrich von Greifenklau wegen einer mit Fräulein von Horix getroffenen familienvertragswidrigen Heyrath der rheinischen Stamm- und Fideicommißgüter schon durch ein kaiserliches Rescript verlustig erklärt war, trat selbst die Frau von Greifenklau als Intervenientin auf, wollte mit Hrn. Spittlers Gründen die Stiftmäßigkeit ihrer allenfallsigen Nachkommenschaft erweisen, und machte hieraus den Schluß, daß ihre Heyrath mit Hrn. von Greifenklau den Familienverträgen nicht zuwider sey. Allein es ergieng dem ohngeachtet mit Verwerfung aller Einreden ein paritorisches Rescript (u). Viele Gründe des Rechts und der Politik begünstigten

---

(t) Interventionsschrift der Frau v. Greifenklau, gebohrnen von Horix, welche ich bey meinem Aufenthalte zu Wetzlar zu lesen bekam.

(u) 2do Maji 1788 von Greifenklau zu Vollraths gesammte rhein. und fränk. Branche contra Friedrich Freyherrn v. Greifenklau rescripti die Ex- und resp. Immiss. in die rhein. Stamm- und Fideicommißgüter betreffend, absolvitur relatio & conclusum. Imo fiat rejectis exceptionibus tam fori, quam reliquis paritorium cum termino duorum mensium.

dies Uebergewicht des Uradels, und machen es unzerstörbar. Laßt uns also nicht mit Träumen von der künftigen Zerstörung dieses Uebergewichtes spielen, sondern laßt uns vielmehr auf Mittel denken, dies Uebergewicht für unser teutsches Vaterland so wohlthätig zu machen, als es seiner Natur nach seyn kann.

www.ingramcontent.com/pod-product-compliance
Lightning Source LLC
Chambersburg PA
CBHW021804230426
43669CB00008B/635